チベット史

仏教の国の政治と外交

正木 晃

角川文庫
24635

はじめに

チベットが世界史に登場するのは七世紀の前半である。本書は、チベットの通史として、チベット初の統一国家が誕生した吐蕃《とばん》王国時代から、政治的な独立を失った一九五九年に至るまでの歴史を、できるかぎり正確かつ簡潔に記述している。

ふつうその国の歴史を記述するとき、政治を中心にして、必要に応じて他の領域にふれておけば、それで充分であろう。しかし、チベットの場合は、政治について記述する前に、宗教について記述しておかなければ、歴史を記述することはできない。なぜならば、チベットでは政治と宗教、より具体的にいえば政治と仏教が密着し、しかも政治よりも仏教が優先される傾向が著しいからである。たとえば、一九一二年にチベットに入り、ダライ・ラマ一三世の教学顧問を務めた青木文教《あおきぶんきょう》（一八八六〜一九五六）は、著作の『秘密の国　西蔵遊記』に、西蔵《せいぞう》（チベット）には昔から「聖教のため」という常套句《じょうとうく》はあるけれども、まだ一度も、「国のため」、「君のため」というような成語を見たことも聞いたこともない、と記している。

事実、チベットには宗教とは無関係の政権、すなわち世俗政権がたった一度しか誕生しなかった。チベット最初の統一国家となった吐蕃は、宗教的な権威とあまり縁のない世俗政権であったが、吐蕃が九世紀に滅亡したのち、世俗政権は二度と誕生しなかった。正確を期せば、一七世紀の中ごろに世俗政権が誕生する可能性が僅《わず》かながらあったが、それも宗教勢力によって阻止されてしまった。

チベット仏教と日本仏教には、ほぼ同じ時期に仏教が伝来し、ともに大乗《だいじよう》仏教を信奉するなど、共通性が多々ある。日本仏教の宗派の中でいえば、チベット仏教に最も近いのは真言宗《しんごんしゆう》であろう。

しかし、両者における政治と仏教の関係は大きく異なる。なぜならば、先述のとおり、チベット仏教は日本仏教とは比較にならないほど、政治との結びつきが強く、しかもその主導権をもっぱら仏教が握っていたからである。したがって、チベットの歴史を記述するには、チベット仏教に関する知識が絶対に欠かせないのである。

七世紀の前半、チベット最初の統一国家となった吐蕃と、中国を統治する唐《とう》の間で、初めて外交的な関係が生じた。以来、チベットが政治の領域において、最も深い関係をもったのは中国を統治する国々であり、次いでモンゴル系遊牧民が樹立した国々という順になる。また二〇世紀の初頭にはイギリスがチベットに軍事侵攻しているが、この行動はブータンの建国につながった。

一方、宗教の領域において、チベットが最も深い関係をもったのはインドであり、中国との関係はごく限定的であった。チベット人は、中国の精神文化に対する敬意をもたず、ひたすらインドの精神文化を尊崇してきた。この傾向は、中国の周辺に位置する国や地域としては例外といえる。それに引き換え、政治の領域において、インドはチベットに関心を抱かず、その影響力はすこぶる希薄である。

おおむねの傾向として、中国の漢《かん》族中心の王朝はチベットに対して深い関心をもたず、まして攻勢に出ることはなかった。しかし、モンゴル系遊牧民が樹立した元《げん》、ならびに満洲《まんしゅう》族が樹立し中国最後の王朝となった清《しん》の支配層は、チベットに対して、政治と宗教の両面で深い関心をもちつづけた。宗教の領域ではチベット仏教に帰依しつつ、政治の領域ではチベットを支配しようとしたのである。そこに、チベット仏教の各宗派の利害が絡んで、事態はさらに複雑化していくこととなる。

日本人によるチベット研究は、仏教の領域において膨大な蓄積がある。また、政治や文化の領域でも、部分的には高度の業績がある。ところが、日本人がチベットの通史を学ぼうとすれば、残念ながら、かなり大部の翻訳書をひもとくしかなかった。

その点からすると、本書は、日本人によって書かれ、入手しやすく、かつ読みやすい最初のチベット通史といえるかもしれない。

目次

はじめに　3

第一章　チベットの民族・言語・領域　13

国名と由来／自然と地理／チベット人とは／チベット人の先祖／チベット語について／政治的なチベットと民族誌学上のチベット

第二章　古代チベット（七世紀～九世紀）　31

吐蕃王国の台頭／吐蕃と唐の戦争／吐蕃王国の全盛期／中国仏教かインド仏教か／ポン教とは何か／仏教とは正反対／インド仏教か中国仏教か／仏教王国／王国の崩壊／なにより大事な仏教再興

第三章　チベットにおける仏教の成熟（一〇世紀～一二世紀）　59

一〇世紀から一二世紀のチベット情勢／グゲ王国とアティーシャ／中央チベットの状況／ニンマ派の動向／カギュ派／氏族教団のおじ甥相続／サキャ派／転生活仏制度の誕生／過酷な修行／黒帽ラマと紅帽ラ

マ／チベット全土に広がる転生活仏制度

第四章　モンゴルとチベット（一三世紀～一四世紀）　87
モンゴル帝国の覇権とチベット／強圧的なコデンの招請状／したたかなサキャ・パンディタの書簡／パクパとクビライ／皇帝につきつけた条件／「華夷秩序」への挑戦／サキャ派の全盛時代／後世への禍根／超天才プトゥン

第五章　仏教の黄金時代（一四世紀後半～一六世紀）　113
元の衰退／サキャ派からパクモドゥ派へ／明の建国とチベット政策／巨人ツォンカパとゲルク派／ペンコルチューデ仏塔／チベット密教に惑溺する皇帝たち／ゲルク派vs.カルマ派／ゲルク派の救世主／ダライ・ラマ制度の誕生／モンゴル布教／転生者の系譜

第六章　ダライ・ラマ政権の時代（一七世紀～一九世紀前半）　147
清の建国／迫り来る危機／シンシャク氏政権／五世誕生／一難去って

また一難／ゲルク派の大逆転勝利／もし世俗政権が成立していれば／ダライ・ラマ政権の確立／夢よ、もう一度／順治帝とダライ・ラマ五世／玉虫色の決着／康熙帝vs.ダライ・ラマ五世／最後の遊牧帝国／ガルダン・ハーンの悲劇／破局／放蕩詩人ダライ・ラマ六世の運命／清によるチベット支配／紅帽派の断絶／チベット仏教に傾倒する乾隆帝／密教に魅せられた理由／危機をはらむ関係／次々に毒殺されるダライ・ラマ

第七章　近代とチベット（一九世紀後半～二〇世紀） 213

清の没落とイギリスのチベット進出／ブータン／大失態／ダライ・ラマ一三世の苦闘／チベット独立宣言／ダライ・ラマvs.パンチェン・ラマ／ダライ・ラマ一三世と日本人／動乱直前のチベット／チベット動乱

あとがき 245

参考文献一覧 247　主要人物解説 269

モンゴル
敦煌
内蒙古自治区
祁連山脈
青海湖
西寧
寧夏回族自治区
青海省
ット
甘粛省
アムド
陝西省
西安
(長安)
ウィ
中国
卍ツェル＝グンタン
ヤルルン渓谷
∴ユンプラカン
パタン
四川省
カム
チョンギェ
ミャンマー
(ビルマ)
貴州省
雲南省

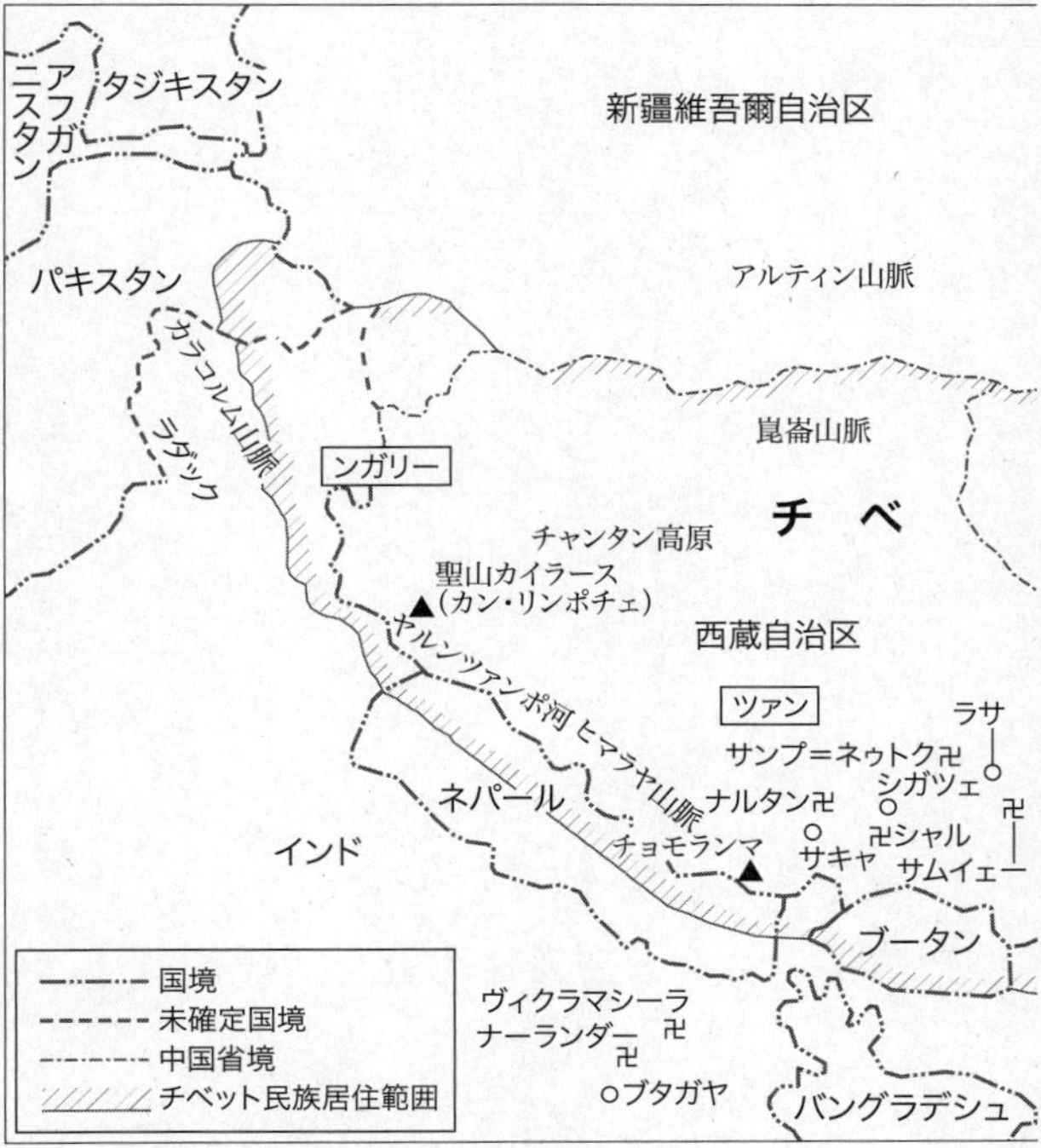

アフガニスタン
タジキスタン
新疆維吾爾自治区
パキスタン
アルティン山脈
カラコルム山脈
ラダック
崑崙山脈
ンガリー
チベ
チャンタン高原
聖山カイラース
(カン・リンポチェ)
西蔵自治区
ヤルンツァンポ河
ヒマラヤ山脈
ツァン
ラサ
サンプ=ネゥトク卍
シガツェ
ナルタン卍
卍
ネパール
卍シャル
サキャ
サムイェー
チョモランマ
インド
ブータン
国境
未確定国境
中国省境
チベット民族居住範囲
ヴィクラマシーラ
卍
ナーランダー
卍
ブタガヤ
バングラデシュ

現在のチベット全図

図版作成　小林美和子

第一章　チベットの民族・言語・領域

国名と由来

私たちは何気なく「チベット」という国名を使っているが、チベット人自身は、チベットのことを「チベット」とは呼ばない。これは、日本人が、自分の国の名前を、ジャパンではなく、日本と呼ぶのと同じだ。つまり、チベットは外国人が使ってきた国名なのである。もっとも、最近では、チベット人も、自国を指して「チベット」と呼ぶ機会が、以前よりはずっと増えてきてはいるが……。

では、チベット人自身は自分の国をほんとうは何と呼ぶのか。その答えは、日本語で表記すると、耳に「ポェ」とも「プー」とも聞こえる言葉である。うしろに、「国」を意味する「ユル」を付け加えて、「ポェ・ユル」とか「プー・ユル」と呼ぶこともある。

「チベット人」は、同じように、「人」を意味する「パ」を付け加えて、「ポェ・パ」

とか「プー・パ」という。なお、「ポェ・パ」や「プー・パ」には「農耕民」という意味もある。これは、かつてチベット人の主体が、牧畜民ではなく、農耕民だった事実を裏付ける。

チベットという言葉の由来については、いろいろな説があるが、この地に初めて統一国家を築き上げた古代王朝を、そのころ中国本土を支配していた唐が「吐蕃《とばん》」と呼んだことにちなむという説が有力らしい。吐蕃という呼称については諸説あるが、現時点で有力とされるのは、チベットの地理歴史研究に多大の業績を挙げた佐藤長《さとうひさし》氏の説である。すなわち、中央チベットの東部を意味したDbünという語が、チベットと唐の間に位置して敵対していた吐谷渾《とよくこん》（現在の中国青海省近辺）によってTübünといった発音で受容され、さらにこのTübünが吐谷渾で「吐蕃」という漢字に写され、唐に伝来したという（佐藤長『チベット歴史地理研究』岩波書店　一六四～一七〇頁）。

そのほかに、古代インドの公式言語で、仏典の記述言語でもあったサンスクリット（梵語《ぼんご》）で、「天上の国」を意味するトリヴィシュターパが転化したという説もあるが、いかにも後知恵の気配があって、いささか怪しい。

中国語では、チベットは「西蔵《シーザン》」と呼ぶ。その理由は、中央チベット西部を意味する「ツァン」を漢字で表記した「蔵」に、中国本土から見て西にあるというニュアンスを加えたためという。また別説には、中央チベットの東部（ウィ）と西部では、西部のほうが重要度が高かったので、「西蔵」と呼ぶようになったともいう。

自然と地理

チベットを地理学的に記述すると、こうなる。

ほぼ北緯二七〜四〇度、東経七五〜一〇五度のあいだに位置し、最南端と最北端のあいだの距離は約一五〇〇キロメートル、最西端と最東端のあいだの距離は約三〇〇〇キロメートルある。日本列島を基準に考えると、北端は秋田県や岩手県、南端は沖縄県と、ほぼ同じ緯度にある。また、チベットの歴史において、つねにもっとも重要な地位を占めつづけてきた中央チベットは、鹿児島県の吐噶喇《とから》列島とほとんど同じ緯度にある。

領域の大部分は、ヒマラヤ山脈の北に展開する広大な高原の上にあって、その地勢は西高東低。標高はおおむね三〇〇〇メートルから五五〇〇メートルで、そのあいだを、多数の山脈が北西から東南の方向に、高原を横断するかたちで連なっている。高原の南と西の周縁部には、ヒマラヤ山脈をはじめ、標高六〇〇〇メートルから八〇〇〇メートルを超える大山脈が走り、「世界の屋根」と呼ばれている。

高原内部の起伏はおだやかで、平野部と山頂部の標高差は一〇〇〇メートル未満の場合が多い。ただし平野部といっても、数十キロメートル四方を超えるような広大なものはない。大概は幅せいぜい数キロメートルの平坦部が、あたかもミミズが這《は》うようなかたちで、うねうねと続いている。

そこを流れる大河川はたくさんあるが、なんといっても重要なのは、チベット高原の南部を西から東へと貫流し、東経九六度付近で南にほぼ直角に曲がって、最終的にはベンガル湾にそそぎ込むヤルンツァンポ河――下流域はブラフマプトラ河――である。チベットの歴史の大半は、このヤルンツァンポ河の流域で展開してきたといっていい。

高原という土地の宿命で、大気は薄い。標高三五〇〇メートルで、気圧は平地の約三分の二程度。同じく五〇〇〇メートルでは、平地の半分程度しかない。集落を作って生活できるのは、標高四五〇〇メートルくらいまでで、例外的に五〇〇〇メートルを超える例もある。

気候は一般に寒冷だが、大気が薄く、太陽からの輻射熱《ふくしゃねつ》が強いため、また極度に乾燥しているために、日中と夜間の温度差は甚だしく、一日のあいだに四季があるとよくいわれる。真冬でも、晴れてさえいれば、日向《ひなた》ではシャツ一枚でもすごせるが、日陰に入ったとたん、まるで冷凍庫の中に入ったような感覚におそわれる。

一年は乾季（一〇月～翌四月）と雨季（五月～九月）にはっきり分かれ、年間降水量の九割方は雨期に集中する。なお、五月や六月でも、標高が高いため、雨が雪に変わることも少なくない。また、土質がもろいため、雨期になると土砂崩れが多発し、道路が寸断されて交通に支障をきたすことがひじょうに多い。

ちなみに、首都ラサの場合、もっとも気温の高い六月～七月の平均気温は一七度、もっとも気温の低い一二月～一月の平均気温はマイナス二度である。

チベット人とは

チベット人とは、いかなる人々か。いいかえれば、チベット人の定義は何か。何をもって、チベット人と定義するのか。

学術的な常識では、「民族」は生物学的には定義できないとされている。DNAを調べてみても、同じ民族の中に、かなり異なる遺伝形質が見つかることはよくある。その逆に、まったく関係がないはずの民族の中に、ひじょうによく似た遺伝形質が見つかることもある。つまり、民族とは、生物学的な概念ではなく、文化的な概念とみなすべきであろう。

したがって、民族とは「同じ伝統文化を共有する人間の集団」といえる。

それでは、「同じ伝統文化」を共有するために必須の要素は何か。そう考えると、まず同じ言語を共有していることが最低条件となる。しかも、「伝統文化」というからには先祖代々、長きにわたって、いいかえれば、歴史的に、その言語を使い続けてきたことが最低条件となる。すなわち、「同じ伝統文化」を共有するためには、「同じ言語」を歴史的に使い続けてきた事実が、必須の条件となる。

以上をまとめると、チベット人とは「チベット語を歴史的に使い続けてきた人間の集団」ということになる。

なお、現代中国の場合、「チベット人」という表現よりも、「チベット族」という表現のほうが多く使われる。これは、中国国民の大多数を占めている、いわゆる一般的な中国人を指す「漢族」という表現にあわせた用法だ。

また、「中華人民共和国」という「国」の立場から見れば、漢族やチベット族やモンゴル族やウイグル族や、その他もろもろの「民族」は、「中華人民共和国」の構成員にほかならず、漢族のみならず、チベット族もモンゴル族もウイグル族も、その他もろもろの「民族」も、すべて「中国人」ということになる。

この考え方からすると、「チベット人」という表現は、「チベット」という「国」の存在を認めることにもなりかねないので、現政権としては、「チベット族」と表現したい。その一環として、同化政策も急速に進められている。国連人権理事会の二〇二三年度報告によれば、子供向けの寄宿学校では、中国語のみの授業が大半で、チベット語やチベットの文化の教育が排除されている。さらに、中国政府が二〇二三年に公表したチベットに関する白書の英語版の地名表記では、従来の「チベット」ではなく、中国語「西蔵」の発音にあたる「シーザン」が使われ、中国の一部であることを強調している。

このように、その民族を表現する呼称ひとつをとっても、そこには冷酷な政治的現実が、嫌なくらいみごとに反映されている。かつて私たち日本人も、民族意識が高揚していた第二次世界大戦前の一時期は、「大和《やまと》民族」という表現を使っていた。現代中国で起こっていることも、他人事《ひとごと》ではない。

チベット人の先祖

チベット人の起源については、敦煌《とんこう》市の莫高窟《ばっこうくつ》から発見された文献や各種の伝承にもとづいて、複数の説が提示されているが、文献や伝承の信憑性《しんぴょうせい》に疑問が残ることもあって、いまだ確定していない。また、近年では、チベット各地から、紀元前までさかのぼる遺跡や遺物が発見されているが、研究は不十分な段階にとどまっている。

現時点で有力とされる説によれば、チベット人の先祖は、もともとは西チベットにそびえる聖山カイラースの北側あたりに居住していたらしい。ちなみに、カイラースはインドにおける呼称で、チベット語ではカン・リンポチェ、直訳すると、「雪の至宝」となる。

この人々は主として農業をいとなみ、その他に小規模な牧畜と狩猟もおこなっていた。日本では、チベット人というと、遊牧民のイメージがあるが、それは誤解だ。現在に至るまで、チベット人の生活を成り立たせているのは農業である。遊牧を主として生活しているのは、気候があまりに寒冷で農業が不可能な北チベットの一部の人々にすぎない。

その後、厳しい気候変動にみまわれたのか、他の民族との抗争に敗れたのか、理由は明確ではないが、チベット高原の南部を横断して、東に移動し、現在の中国チベット自治区を中心とする地域に住み着いた。これは三～四世紀ごろのこととされている。

別の説では、チベット人は、チベット高原の南部を東西に流れる大河ヤルンツァンポの流域に、自然発生的に形成された民族といわれる。また、これまでは、すぐあとでふれる「羌《きょう》」をチベット人の起源とみなす説もあったが、近年研究が進むにつれ、チベット学の専門家の間では、否定的な見解が多くなってきている。

いずれにしても、三～四世紀ごろになると、中国の文献にチベットの存在が記述されるようになる。その中国の文献には、古来、チベット人を指すと思われてきた民族名がいろいろ書かれている。しかし、現代の研究成果によれば、その多くが誤認のようだ。

周《しゅう》が建国されるにあたり、軍師として大活躍した太公望《たいこうぼう》（呂尚《りょしょう》）がその出身であったと伝えられる「羌」が、その典型といっていい。少し考えればすぐわかるが、太公望は紀元前一一世紀の人なので、そのころチベット人の先祖はまだチベット高原の遥か彼方《かなた》にいたはずである。したがって、古い文献に出てくる「羌」はチベット人とはまったく関係がない。

ただし、現在、四川《しせん》省阿壩《アバ》蔵《ぞう》族羌族自治州の北川《ほくせん》羌族自治県に住み、「羌族」とよばれている人々は、チベット語族に属す羌語を使うので、チベット人といえる。このように、時代によって、同じ漢字でもあらわされる対象が異なっている場合も多々あるので、注意が必要である。

四世紀から七世紀にかけて、北チベットの青海《せいかい》地方を支配した「吐谷渾《とよくこん》＝アシャ」も民衆の多くはチベット人であったが、支配層はチベット人ではなかった。彼らは、もともと遼東《りょうとう》方面を支配していた前燕《ぜんえん》から分かれて西に移動してきた民族で、原モンゴル族とみられている。軍事的に強大であっただけでなく、中国の中央部に近いという地理的な条件もあって、かなり進んだ文物や制度をもっていたので、チベットが文明化する過程で、そのモデルになった時期もあったが、その後、チベットに従属することになり、やがて併合され同化していった。

つまり、現在チベット人が居住している地域に、かつて居住していたからといって、その人々がチベット人であるとは限らない。また、その後の歴史の中で、チベット人と血が混ざり合い、もともとはチベット人とは別の民族であったのに、チベット人とよばれるようになった事例もあるので、事態はすこぶる複雑である。冒頭に、「民族」は生物学的には定義できないと述べた理由は、このあたりにもある。

チベット語について

習得という面からすると、チベット語はすこぶる難物である。日常会話はともかく、読み書きのほうは、ちょっとやそっとの努力では、けっして身に付かないほど、厄介な言語といっていい。

チベット語は、シナ・チベット語族という、主として、中国やヒマラヤや東南アジアなどに居住する民族によって使われている数百あまりにものぼる語族に属している。より詳しくいうと、チベットからヒマラヤやアッサム、また中国南西部やビルマ（ミャンマー）、タイにかけて分布している語族に属している。さらに具体的には、ビルマ語や西夏語をはじめ、ビルマの少数民族カレン族や、インドの少数民族ナガ族、中国の雲南《うんなん》省・四川省・貴州《きしゅう》省・広西《こうせい》壮《チワン》族自治区に居住する少数民族イ族、同じく雲南省大理《だいり》白《ペー》族自治州・貴州省の畢節《ひっせつ》地区・四川省の涼山《りょうざん》イ族自治州・湖南《こなん》省の桑植《そうじゅ》県に居住するペー族によって使われている言語とともに、チベット・ヒマラヤ語群に属しており、言語学では、チベット語は「シナ・チベット語族のチベット・ビルマ語派のチベット語群に属する言語」と定義されている。

言語の「語（単語）」を構成する仕組み（形態論）においては、孤立語に分類されるが、膠着語《こうちゃくご》的な性質ももつ。

孤立語とは、それぞれの単語が意味をもち、しかも単語の形が英語やドイツ語やラテン系の言語のように文の中で変化せず、文法的な関係は語順によって示される言語のことで、典型例は中国語である。また膠着語とは、助詞や接辞などの機能語が、名詞・動詞などの自立語に膠着して、つまりくっついて、文が構成される言語のことだ。ちなみに、日本語は典型的な膠着語である。

チベット語と日本語を比べると、チベット語のほうが、母音も子音も種類がはるかに多い。膠着語という点では似ていて、敬語法が発達している点は共通する。文法はかなり近く、文章の最後に動詞や形容詞、助動詞が来る。

ただし、否定辞は最後の述語の直前に置かれる。また、形容詞は、被修飾語の直後に名詞化されたかたちで置かれる。この二点は、日本語の文法とはまったく異なっている。

また、受動態が極めて多いことも、日本語とは異なる。能動態の動詞は現在形しかない。敬語法を駆使して、行為の主体を明示しない傾向も強い。文章は切れ目なく、私たち現代日本人の感覚ではダラダラとつづき、この点では平安時代の文学作品を読んでいるような気がする。だから、チベット語の文章は直訳しても、うまく意味が通じず、訳者のほうが相当に工夫しないと、悪文の典型になってしまう。

チベット語の表記法は、七世紀ごろに、インドのサンスクリット（梵字）をまねて創り出された、完全な表音文字である。その構成原理は組合せ文字で、図版に示すとおり、子音をあらわす基本字母の周囲に、前接字・後接字・冠字・足字とよばれる四種類の母音記号やその他の補助記号を組み合わせて、文字全体を構成する。

形態的にはハングルによく似ている。それも当然といえば当然の話だ。説明しよう。

ハングルは、モンゴル帝国（元）のパクパ文字をモデルに創り出された可能性が高い。パクパ文字は、もともと文字をもたなかったモンゴル人のために、チベット僧のパクパ（一二三五〜八〇）が新たに創り出した文字である。

そのパクパ文字は、チベット語の表記法をモデルにしていた。つまり、チベット語の表記法→パクパ文字→ハングルという流れがあるのだ。

ちなみに、チベット語の表記法には、ひじょうに難しい問題がある。それは、書いてあるのに読まない文字がたくさんあることだ。

フランス語もサイレントレターが多いことで知られるが、チベット語の場合、その頻度はフランス語の比ではない。場合によっては、書いてある文字の半分くらいしか発音しない。

チベット文字が考案されたころは、文字のとおりにそのまま発音されていたらしい。

ཙ་	ཚ་	ཛ་	ཛྷ་	ཉ་
ca	cha	ja	jha	ña
ཊ་	ཋ་	ཌ་	ཌྷ་	ཎ་
ṭa	ṭha	ḍa	ḍha	ṇa
ཏ་	ཐ་	ད་	དྷ་	ན་
ta	tha	da	dha	na
པ་	ཕ་	བ་	བྷ་	མ་
pa	pha	ba	bha	ma
ཡ་	ར་	ལ་	ཝ་	
ya	ra	la	va	
ཤ་	ཥ་	ས་	ཧ་	ཀྵ་
śa	ṣa	sa	ha	kṣa

図１　チベットの文字（子音）

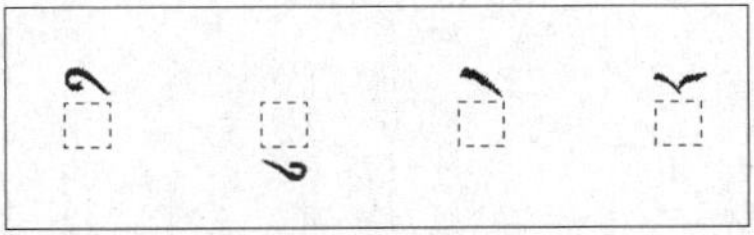

図２　チベットの文字（母音）

ところが、その後、時代の変遷とともに母音が減らされて単音節化されたり、発音が無声化された結果、表記された文字と実際の発音とのあいだに、大きなギャップが生まれてしまったのである。

おまけに歴史上、チベット人が居住してきた範囲はまことに広く、険しい山脈や深い渓谷にさまたげられ、往来もままならないこともあって、地方によって発音はかなり異なってしまっている。

書体は三つある。楷書《かいしょ》にあたる有頭字、行書にあたる無頭字、草書体にあたる速字もしくは最速字である。チベット語では、分野によって書体が異なり、仏教経典は有頭字が、写本は無頭字が、公文書などは速字もしくは最速字が使われてきた歴史がある。しかも、それぞれの分野によって独特の表現や言い回しがあるため、それに正しく精通しない限り、文脈をたどって、意味を正しく把握することはできない。

このような事情から、日本人がチベット語を習得するのはとても難しい。というより、世界中の言語の中でも、習得が難しいことでは指折りといわれていて、チベット語を自在に駆使できる外国人はそうはいない。こうしたことも、チベットを理解する上で、大きなハンディキャップになっている。

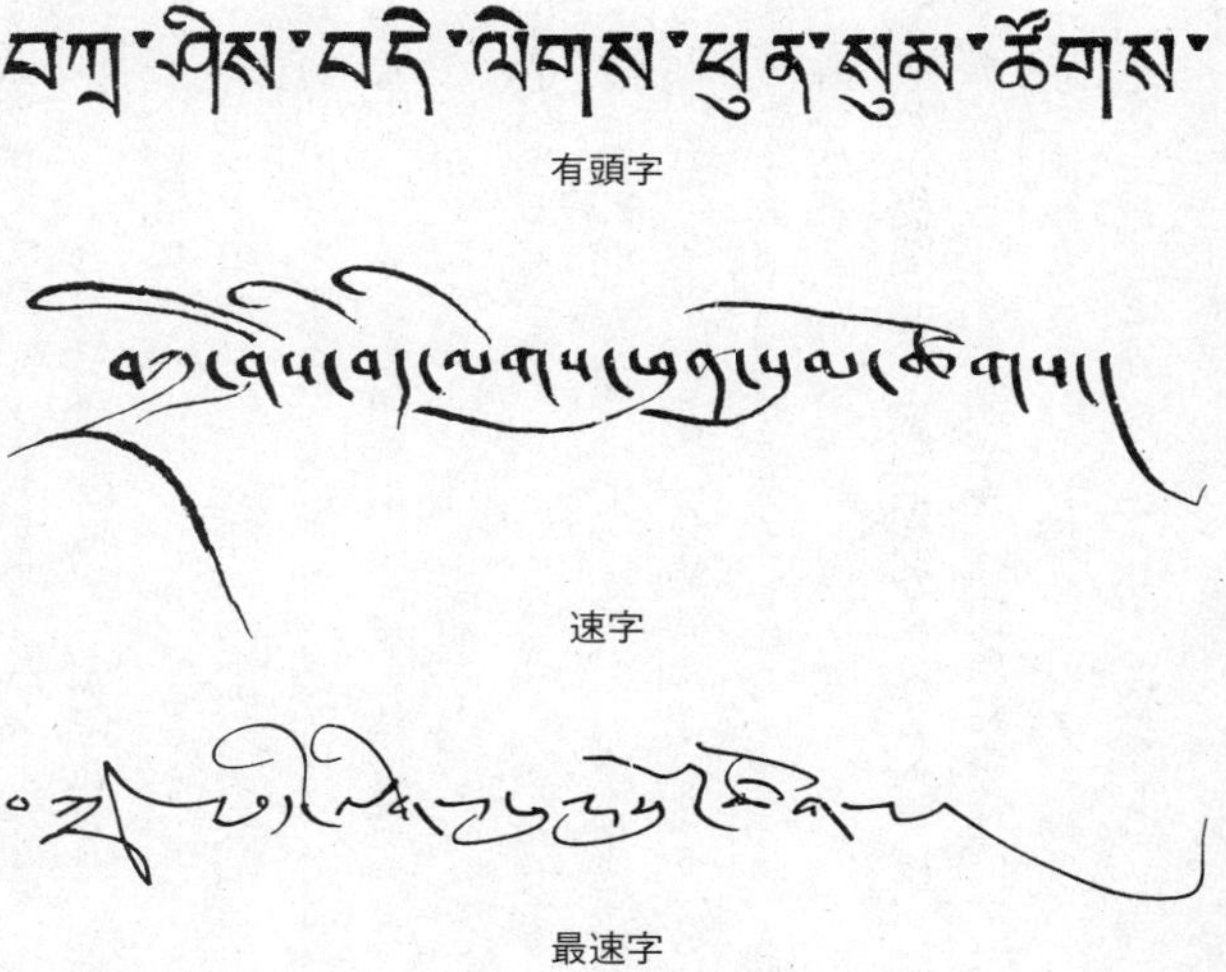

図３　チベットの文字の書体。いずれも「吉祥幸福円満具足」（ターシーテレプンスムツォー）という挨拶の語（山口瑞鳳『チベット』上、東京大学出版会、1987 年、249 頁より）

政治的なチベットと民族誌学上のチベット

チベットとよばれる領域が、実際にどれくらいの広がりをもっているのか。じつは、これも難問である。

チベットのように、大陸の内部にある国の場合、どこを国境と定めるかは政治的な分野の問題である。その時々の政治権力の強弱、周辺国の意図、対外的な関係の好不調など、いくつもの要素が複雑に絡み合って、歴史上、国境が大きく変動してきたからである。この点は、日本のように、島国でおのずから領域が画定されてきた国とは、事情がまるで違う。

この難問を考える上で、すこぶる示唆に富むのが、チャールズ・ベル（一八七〇〜一九四五）が提唱した「政治的なチベット」と「民族誌学上のチベット」という概念だ。ベルはイギリスの外交官出身のチベット研究家で、ダライ・ラマ一三世の友人でもあった。

ベルが提唱した「政治的なチベット」は、歴代のチベット政府ならびに地方領主たちが統治してきた領域を、「民族誌学上のチベット」は、古来チベット民族が居住してきた領域を、それぞれ指している。

近年では、このベルの見解を継承して、同じくイギリスのチベット研究者のH・E・リチャードソンは、こう述べている。「政治的なチベット」は、チベットの歴代政府が最古の時代から一九五一年まで継続的に支配してきた領域であり、その総面積は約一二九万平方キロメートル。

「民族誌学上のチベット」は、かつてもっぱらチベット民族が居住し、今なお多数を占めている領域。現在の地域名でいえば、中華人民共和国の「チベット自治区」を中心に、四川省の西部、青海省や甘粛省《かんしゅく》のほか、インド領のラダックやスピティ地方、ネパールのヒマラヤ山脈側、そしてブータンにおよぶ領域である。フランスの高名なチベット研究者のR・A・スタンは、この「民族誌学上のチベット」に相当する面積について、約三八〇万平方キロメートルと述べている。つまり、「民族誌学上のチベット」は「政治的なチベット」の約三倍も広い。

ちなみに、日本の国土面積は約三八万平方キロメートルだから、「政治的なチベット」はその約三・四倍、「民族誌学上のチベット」はその約一〇倍ということになる。

現在のチベット亡命政府が主張している「チベット全土」は、ウィ（ウー）、ツァン、カム、アムドである。ウィは、いわゆる中央チベットのラサを中核都市とする東部に、ツァンは同じく中央チベットのシガツェを中核都市とする西部に、カムは東チベットに、アムドは東北チベットに位置している。

一方、中華人民共和国政府が「チベット自治区」として設定している領域はウィ（ウー）・ツァン、つまり中央チベットの東部と西部に限定されている。東チベットのカムはチベット自治区東部・青海省東南部・四川省西部・雲南省北西部に分割され、東北チベットのアムドは中国の青海省の大部分に加え、甘粛省と四川省の一部に編入されている。したがって、中国で「チベット」という語はチベット自治区だけを指し、カムとアムドはチベットではないことになっている。

第二章　古代チベット（七世紀〜九世紀）

吐蕃王国の台頭

「はじめに」で述べたとおり、チベットが世界史に初めて登場するのは、七世紀の前半である。この時期、ソンツェン・ガンポ王（五八一〜六四九　在位五九三〜六三八　復位六四三〜四九）が、チベット初の統一国家を樹立した。その王国は、中国の史書に、漢字で「吐蕃」と表記された。

ソンツェン・ガンポ王は、中央チベットの東部に位置するヤルルン渓谷を根拠地とするヤルルン王家の出身。たぐいまれな政略と軍事の才能を駆使して、中央チベットに割拠していた諸部族をしたがえ、さらに吐谷渾をはじめとする周辺の民族まで支配下に置いた。こうして建国された当初の吐蕃は、なによりもまず軍事が優先され、文字どおり軍事国家そのものであった。

ヤルルン渓谷は、渓谷とはいっても、かなり大きく開けた平野部をもち、チベットには珍しく緑豊かな土地だ。いくたびか現地を訪ねた私の印象では、そこにそびえる山といい、流れる川といい、古代大和王朝にとって揺籃《ようらん》の地となった大和盆地を彷彿《ほうふつ》とさせるものがある。

吐蕃では、政治と軍事の制度は、すでに述べたとおり、吐谷渾をモデルにしたらしい。なかでも、官位十二階の制度は、制定の意義から見ても、古代日本の冠位十二階にそっくりといっていい。制定された年代も六二〇年代だから、六〇三年制定の日本にわずか二〇年ほどおくれるにすぎない。

そして、この時期の日本が、対外的な関係の構築、わけても東アジア最大最強の国であった唐との関係構築にすこぶる熱心であったように、吐蕃もまた、唐との関係構築に苦心惨憺《さんたん》した。その主な手段は、いわゆる政略結婚である。

六三四年、ソンツェン・ガンポ王は、唐の太宗《たいそう》皇帝に、公主（皇帝の息女）を、息子のグンソン・グンツェン王（六二一～四三　在位六三八～四三）の嫁に迎えたいと願い出た。公主の降嫁《こうか》は、前漢《ぜんかん》時代の匈奴《きょうど》はもとより、時代を同じくする吐谷渾などもおこなっていた方策だ。

その利得は、いくつもあった。たとえば、尊貴な皇帝家との間に縁戚関係をむすべる。血統を何よりも重視していた古代社会において、対外的にも対内的にも、王の権威を高めるうえで、これ以上の手段はなく、まさに決定的な要素であった。また、このころの公主の地位はきわめて重く、ほかの方法ではなかなか実現できない秘匿度の高い情報の入手や要望の伝達などに関して、文字どおり特認外交官のような働きを期待できた。以上のような理由で、公主の降嫁は、唐政権と安定した関係を築くために、当時としては、ひじょうに効果的な方策とみなされていた。

もっとも、この願いはすぐにはかなえられなかった。唐と吐蕃の間に位置する吐谷渾のなかに、反吐蕃・親唐の勢力が台頭し、吐蕃をさしおいて自分のほうに公主の降嫁を願い出たからだ。この問題はもめにもめた末、ついにソンツェン・ガンポ王が軍勢を吐谷渾に派遣して、反吐蕃・親唐の勢力を追い出し、再び唐の皇帝に公主の降嫁を迫った。このとき、吐谷渾は二つに割れ、親吐蕃の勢力は吐蕃の支配下に入る道をえらんだ。

この状況を見て、結局唐は吐蕃の要求をいれ、六四〇年に文成公主《ぶんせいこうしゅ》を吐蕃に降嫁させた。しかし、じつはその一年ほど前に、すでに吐谷渾王にも弘化公主《こうかこうしゅ》を降嫁させていた。唐は吐蕃と吐谷渾を、両天秤に掛けたのである。

しかも、唐はもっぱら弘化公主の意向を重視し、文成公主の意向は無視されてばかりいた。その原因として、文成公主は唐の皇室とは血縁関係がない、いわば替え玉であった可能性が指摘されている。また、日の出の勢いで、強大化の道を歩む吐蕃を牽《けん》制《せい》するために、いまや衰退化しつつある吐谷渾に、救いの手をさしのべようとしていた可能性も否定できない。イギリスをはじめ、近代の帝国主義が、植民地を支配する際、あえて弱小な勢力を優遇し、強大な勢力を無視したのと、よく似た政策といっていい。

なお、文成公主はグンソン・グンツェン王と結婚し、のちにマンルン・マンツェン王（六四二〜七六　在位六四九〜七六）となる王子を生んだものの、夫のグンソン・グンツェン王を不慮の事故（落馬と伝えられる）で失い、舅《しゅうと》のソンツェン・ガンポ王と再婚したらしい。

ともあれ、マンルン・マンツェンが誕生したことで、唐と吐蕃は「舅と甥」の関係になった。つまり、唐の皇帝が吐蕃王の「外祖父」となり、吐蕃王は唐の皇帝の「外孫」になったことになる。

しかし、この関係は、吐蕃が当初、期待していた唐の吐蕃に対する優遇にはむすびつかなかった。唐は、あいかわらず、吐谷渾に肩入れしつづけたのである。

吐蕃と唐の戦争

唐との関係が期待どおりには進まなかったことで、吐蕃は平和的な外交手段に見切りをつけ、軍事的な手段で、みずからの権益を確保する道をえらんだ。具体的には、シルクロードの東側の関門にあたる地域を支配下に置き、そこから得られる実益を手

表　吐蕃王国の略年表

西暦	できごと
593	ソンツェン・ガンポ(581-649)がチベットを統一し、王となる
638	グンソン・グンツェン(621-643)が王となる
640	唐の皇女の文成公主が降嫁
643	ソンツェン・ガンポが再び王となる
649	マンルン・マンツェン(642-676)が王となる
659	シルクロードの東の関門を支配下に置く
676	ティ・ドゥーソン(?-704)が王となる
704	ティデ・ツクツェン(?-754)が王となる
710	唐の皇女の金城公主が降嫁
755	ティソン・デツェン(742-797)が王となる
755	唐で安史の乱が起こる(～763)
762	唐と和平を結ぶ
763	唐の首都・長安を軍事占拠
796	ムネ・ツェンポ(774-797)が王となる
803	ティデ・ソンツェン(777-815)が正式に王となる(ただし797年に仮登位)
815	ティツク・デツェン(806-841)が王となる
841	ダルマ・ウィドゥムテン(809-842)が王となる
842	ダルマ・ウィドゥムテンが暗殺される
877	民衆による反乱によって滅亡

にするために、軍事行動を起こしたのだ。六五九年のことである。

この戦争は長い期間におよんだ。唐は、吐谷渾の内部の親唐勢力とむすんで、大軍を繰り出したにもかかわらず、精悍《せいかん》な吐蕃軍の前にたびたび大敗を喫し、戦闘はおおむね吐蕃の優勢ですすんだ。

八世紀にはいると、さすがに両国ともに戦火に飽き、和平交渉が開始された。七一〇年、唐の中宗《ちゅうそう》皇帝は、甥の娘にして、高宗皇帝の曾孫《ひまご》にあたる金城公主《きんじょうこうしゅ》を、わずか七歳の吐蕃王ティデ・ツクツェン（在位七〇四〜五四）に降嫁させた。さらに、もともと吐谷渾の領地であった黄河《こうが》上流部の、肥沃なことで知られた河西九曲（現在の青海省海南チベット族自治州貴南県付近）の地を、吐蕃に割譲した。降嫁した金城公主は、以前の文成公主とちがって、唐皇室の血統をたしかに受け継ぐ女性であった。

このとき、金城公主の年齢もまた、わずか七歳。送別の宴のとき、中宗皇帝は、彼女の将来を案じて、臣下の目をはばからず、すすり泣いたと伝えられる。唐の劣勢と困惑ぶりは、この事実によくあらわれている。逆にいえば、この時期の吐蕃の実力は、世界帝国とさえいわれた唐をそこまで追い込むほど、強大だったのである。

両者の期待をになった金城公主の降嫁は、実際にかなりの効果を上げた。金城公主を通じて吐蕃側の意向が唐に伝えられ、ようやく和平実現の気運が生まれたからだ。七三三年には赤嶺に、唐と吐蕃の国境を示す石碑が建てられた。この石碑には、「盟

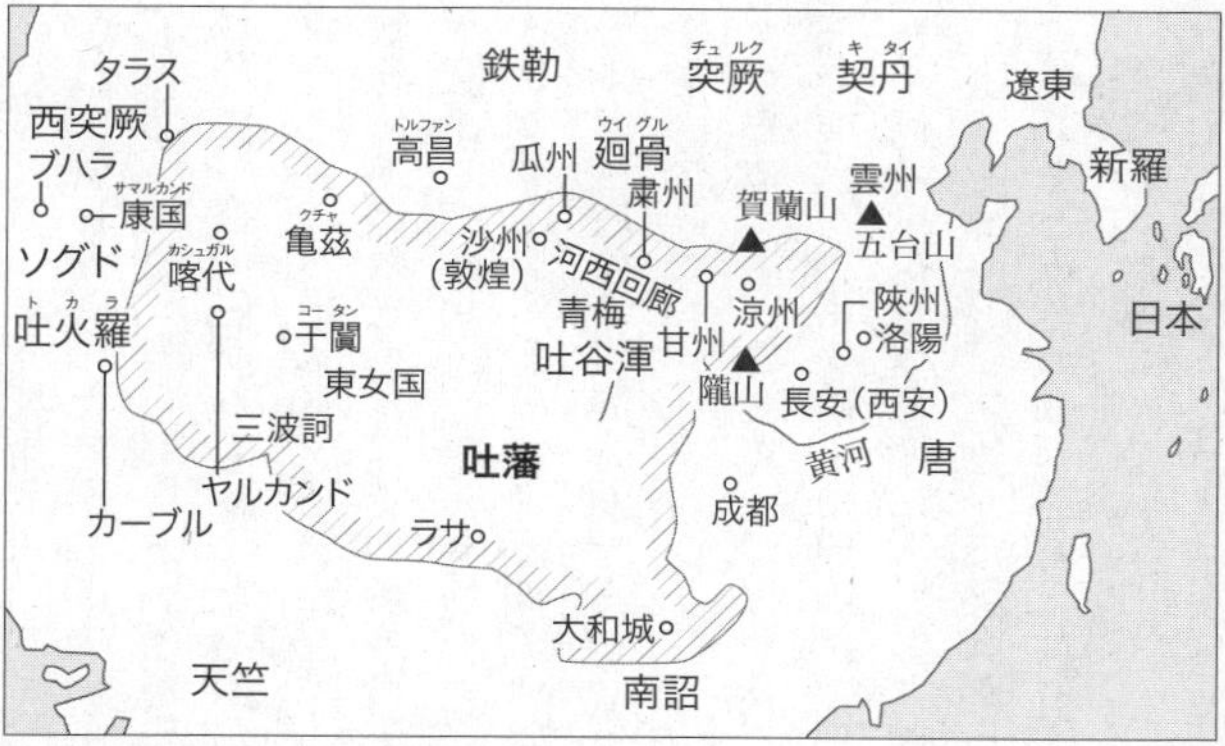

図４　吐蕃王国の最大版図

約の確かなことは日月もご照覧あれ！」という意味を込めて、日月の模様が刻まれていたため、石碑が建てられた赤嶺は日月山《にちげつさん》ともよばれた。

しかし、これで完全な和平が実現したわけではなかった。国境付近では、あいかわらず小競り合いがつづいていた。そして、七三九年に金城公主が死去すると、なんとか保たれてきた小康状態は、たちまちのうちに崩壊した。

吐蕃王国の全盛期

ティデ・ツクツェン王のあとを継いで、ティソン・デツェン（七四二〜九七　在位七五五〜九七）が吐蕃王となったとき、この新王はまだ十代前半の少年にすぎなかった。

このころ、吐蕃政権の内部は、かなり危うい状況にあった。唐との長きにわたる戦争は、強盛を誇った吐蕃の国力にも疲弊の影を落とし、その責任をめぐって有力な臣下のあいだで、激しい権力闘争が相次いで起こっていた。なかには、吐蕃に見切りをつけて、唐に寝返るものすらあった。指導力を欠きがちな幼少の王が、この事態を乗りきるのは、誰の眼にも難しいようにおもわれた。もし仮に、唐の政治体制が健全な状態にあったならば、その後の歴史は大きく変わったにちがいない。

しかし、時勢は吐蕃に味方した。唐で安史《あんし》の乱（七五五〜六三）が勃発《ぼっぱつ》したのである。この反乱によって、唐の統治機構は壊滅。この機に乗じて、吐蕃王国は、北チベットの位置する青海方面を占領し、これを既成事実化したうえで、七六二年に唐と和平を回復した。

さらに、唐がこれ以上はないほどの混乱状態にあることを見透かした吐蕃は、七六三年の秋、和平を破って唐の都であった長安《ちょうあん》を占領した。守備兵がことごとく逃げ去り、何の抵抗も受けずに入城した吐蕃の軍勢は、二週間にわたって長安を蹂躙《じゅうりん》。略奪の限りを尽くし、宝物から美女から技術者から、もてるだけのものはすべてもって、意気揚々とチベットへ帰還したと伝えられる。

この後、吐蕃は、唐に関しては、東は青海の東、北は雲州《うんしゅう》（現在の山西省《さんせい》大同《だいどう》）、南は隴山《ろうざん》（現在の陝西省《せんせい》と甘粛省の境にそびえる山）に達する境界線の西側一帯まで、勢力を伸ばした。南方では、現在の雲南省にあった南詔《なんしょう》をも、その支配下におさめた。

南詔は、チベットと同じくビルマ・チベット語族に属す烏蕃《うばん》が建てた国である。七三八年に唐から雲南王として認められていたが、西南交易ルートをめぐって利害が対立し、唐から離脱して、吐蕃と兄弟国として同盟し、その命に服する道をえらんだ。

吐蕃にとって特に重要であったのは、蘭州《らんしゅう》・涼州《りょうしゅう》・甘州《かんしゅう》・粛州《しゅくしゅう》・瓜州《かしゅう》・沙州《さしゅう》を経由する河西回廊《かせいかいろう》を占領して、唐とシルクロードとの連絡を絶ったことだろう。東西交易の主要ルートであった西域南道《さいいきなんどう》をほぼ支配下に置き、そこから上がる莫大な利益を手にすることに成功したからだ。この時期、吐蕃の勢力は、チベット史上、類例のない広さにおよび、まさに全盛時代をむかえていたのである。

ちなみに、沙州は唐時代の呼称で、一般には敦煌の地名で知られている。敦煌といえば、莫高窟をはじめ、仏教遺跡で有名だが、歴史学の分野でも、この地から大量の古文書が発見されたことで名高い。この古文書は「敦煌文書」あるいは「敦煌文献」とよばれ、古代から中世におよぶこの地域の実情を知るうえで、またとない貴重な史料となっている。吐蕃に関しても、この敦煌文書がなければ、解明できなかった事実が多々ある。

中国仏教かインド仏教か

吐蕃による西域南道の支配は、六〇年ほど続いた。この間に吐蕃が得たものは、物質的にも文化的にも、まことに大きかった。唐から得たものも、略奪してきた人間や文物を含め、膨大であった。いっぽう、はるかヒマラヤを越えて、インドからもたらされた文物や情報も、一国の全盛期にふさわしく、質量ともにきわめて豊かであった。なかでも、後世のチベットにとって、絶大な影響を残したのは、仏教の導入である。もちろん仏教も、各方面からいろいろなタイプが流入した。

その結果、チベットでは王室や貴族たちを中心に、中国仏教を信奉する勢力と、インド仏教を信奉する勢力に分裂した。また、かたくなにチベット固有の信仰（ポン教／ボン教）を守って、仏教を排撃しようとする勢力もあった。かくして、三つどもえの争いが勃発する。そこには、宗教の教義の問題のみならず、現実的な政治上の葛藤も絡んでいたので、話はよけい複雑になった。

この時代、まさに当事者として、仏教の導入につとめたのは、ティソン・デツェン王であった。仏教を積極的に擁護する王は、そのころインド仏教の最高学府であったナーランダー大僧院から、大学僧としてすこぶる令名高かったシャーンタラクシタ（七二五？〜八三）を招き、仏教の布教に尽力した。

最初のうちはインド仏教であれ中国仏教であれ、仏教という宗教の導入に反対する

図5　サムイェー寺全景

者たちの力が強く、その試みは成功しなかった。それでも、王は硬軟さまざまな手段を駆使して、廃仏派の勢力を少しずつ削《そ》ぐことにつとめ、やがてその成果が目に見えて上がってきた時点で、一旦帰国していたシャーンタラクシタを再び招いた。

このとき、在家の密教行者《ぎょうじゃ》で、強大な霊力をもっていたパドマサンバヴァが同行していた。密教は、大乗仏教の最終段階で登場した、神秘的な傾向のひじょうに強いタイプの仏教で、呪術やシンボルを多用する。日本でいうと、空海《くうかい》を開祖とする真言宗にいちばん近い。

その方面の天才であったパドマサンバヴァは、多くの人々が信仰対象としていたチベット土着の神々をつぎつぎに制圧して仏教に帰依させ、人々にその威力を見せつけた。わずか半年くらいしか滞在しなかったようだが、密教がチベットに根付くにあたり、パドマサンバヴァが果たした役割はじつに大きかった。

これは好機到来！　とばかりに、ティソン・デツェン王は、シャーンタラクシタとパトマサンバヴァに助力を仰いで、七七五年に、仏教布教の中核として、サムイェー寺の建立《こんりゅう》に着手した。あわせて、貴族の中から六人（もしくは七人）をえらび、出家させた。「試みの六人（もしくは七人）」と呼ばれる、チベット人として最初の僧侶たちである。

ちなみに、仏教が伝わる以前からチベットにあったポン教は、自然や自然現象の背後に神々の存在をみとめ、あがめる。そして、神々に犠牲を捧《ささ》げたり、神々の意思を霊媒《れいばい》（シャーマン）を通じて知ることで、災いをまぬかれ、幸せを手に入れようとする。

パドマサンバヴァはこの領域で、密教を駆使して、大成功をおさめた。ようするに、密教が活躍できる領域は、ポン教が得意とした領域と、ほとんど重なっていたのである。つまり、チベットに導入された仏教は、はじめから密教的な性格を帯びていたことになる。

しかし、だからといって、密教がまったく無条件で受け入れられたわけではない。

当時のインドで興隆期に入っていた後期密教（無上ヨーガタントラ系密教）は、チベットでは危ない宗教とみなされ、受け入れを拒まれた。なぜなら、後期密教は解脱《げだつ》至上主義を唱え、悟りを得るためには何をしてもかまわないと主張して、さらに性行為を修行にもちいるなど、世間一般の常識とかけ離れた面をもっていたためだ。敵対者を呪ったり死に至らしめる呪詛《じゅそ》法や調伏《ちょうぶく》法なども、社会的な秩序を破壊しかねず、ひいてはようやく確立したばかりの王権をゆるがしかねないとみなされ、これまた王に受け入れを拒否された。仏教の導入にあたって功績の大きかったパドマサンバヴァが、チベットに半年しか滞在しなかった、あるいは滞在できなかった理由も、王のこういう考え方に由来していたようだ。

ポン教とは何か

ここで、チベット人固有の宗教であるポン教について説明しておきたい。

ポン教は現在も、チベット自治区全域、四川省、甘粛省、青海省、雲南省、ヒマラヤ南麓《なんろく》に広く分布している。仏教がチベットに伝来し、政権と結びつく以前は、この地域における主流の宗教であった。そして、土着的な要素と密接な関連を保ちながら、高度な教理体系を独自に築きあげ、少数派ながら、今も宗教集団として存続している。研究者によってポン教として認定される宗教は、きわめて広範囲に及ぶ。ポン教を専攻する三宅伸一郎《みやけしんいちろう》氏は、仏教の教義で説明できないチベットの宗教すべてがポン教の範疇《はんちゅう》に入るとも述べている。分類するならば、以下の三種類になるが、特に重要なのは③である。

①仏教が伝来する以前からあったチベットの葬送儀礼にかかわる宗教。生け贄《いけにえ》として捧げられた家畜に先導されて、死者の霊魂は「喜びの国」に導かれると説く。文書に記されているだけで、現存しない。

②仏教が伝来する以前からあったと思われるチベット土着の信仰。特定の教祖を持たず、生命を司《つかさど》る「ラ（魂）」がトルコ石に宿ると信じ、山の神を敬うためには松柏《しょうはく》を燃やしてこの世を浄化する必要があるなどと主張する。

③仏教と相互に影響し合いながら、一〇～一一世紀にかけて、独自かつ高度の教義体系を生み出した宗教。「ユンドゥン（卍／永遠）・ポン」を自称して、現在も活動するのは、このポン教である。今からおよそ一万八〇〇〇年前に生まれたと伝えられるトンパ・シェンラプ・ミボを開祖と仰いで、出家者の集団から構成される教団を組織し、チベット各地に寺院を創設した。

開祖が一万八〇〇〇年前に生まれたという伝承は、とても信じられないが、敦煌文書の中に、チベット生まれのシェンラプ・ミッチェという人物が生者と死者を媒介する職務を担っていたと書かれている。そこで、このような人物が七世紀以前に実在していて、トンバ・シェンラプ・ミボ伝承の源泉になったのではないか、とポン教研究に大きく貢献してきた津曲真一《つまがりしんいち》氏は推察している。

従来よく論じられてきた問題は、チベット仏教のニンマ派（古派）との関係である。その理由は、ともにゾクチェン（大究竟《だいくきょう》）とよばれる瞑想《めいそう》が伝承されているからだ。ただし、ゾクチェンの用語は基本的に同じだが、その系譜や理解に違いが見られる。また、両者の起源をめぐっては、ポン教が先行し、ニンマ派が追随したのか、その逆なのか、研究者のあいだでも見解は分かれる。

いずれにせよ、ポン教がチベット仏教の思想や儀礼に、影響をあたえてきたことが認められつつある。古い時代のポン教徒は、系統も文法も明らかにされていないシェンシュン語という言語を用いていたが、この言語がチベット語の文語の成立に重大な影響を及ぼしたことも指摘されている。

仏教とは正反対

すでに述べたとおり、ポン教の教理は仏教を強く意識している。注目すべきは、人々を悟りに導くという最終目的は仏教と同じだが、ポン教の場合、そこに至る前提や道程が仏教と正反対に設定されている点である。具体的な例をあげると、開祖の位置づけが正反対になっている。仏教の開祖となったゴータマ・ブッダが人間として生まれ、苦を自覚し、苦を克服するために出家して、悟りを開いたのに対し、ポン教の開祖となったトンパ・シェンラプ・ミボは、すでに悟りを開いた存在であり、ポン教を広めるという使命を託されて、天界から人間界に降臨している。つまり、仏教の教義と論理を深く理解した上で、逆の論理体系を作り上げているのである。

さらに、土着的な要素を切り捨てず、むしろ積極的に併存《へいぞん》するなど、論理構築の過程に見られる柔軟さも特筆される。この柔軟さを、日本におけるポン教研究の第一人者、長野《ながの》泰彦《やすひこ》氏は「ポン教は修験道《しゅげんどう》に喩《たと》えられる」と表現する。

正反対といえば、聖なる存在の周囲をめぐるとき、仏教は右回り（時計回り）するのに対し、ポン教は左回りする。仏教僧とポン教僧の衣服はよく似ていて、外見からは判別しがたいが、この回り方を目にすれば、まさに一目瞭然《りょうぜん》となる。

私自身もかつて、長野泰彦氏が主宰する国立民族学博物館のポン教研究プロジェクトに参加して、現地調査を実施した。ポン教にとって有数の拠点となってきたユンドゥン寺を訪れて高僧に面会し、シガツェ郊外のシェンタルディン寺を訪ねて貴重なポン教の壁画を撮影した。このときの調査で、もっとも意外だったことは、ラサ市内における仏教経典や法具の売買や流通をポン教徒が担当していた事実である。この一事を見ても、ポン教と仏教の微妙かつ複雑な関係が想像されるとともに、ポン教の柔軟さが如実に感じられた。ちなみに、ラサの社会科学院でポン教研究を統率してきた方から、文化大革命の際にポン教が受けた弾圧は、仏教のそれよりはるかに過酷であったと教えられた。

インド仏教か中国仏教か

話を戻そう。さきほど述べたように、チベットに導入されようとしていたのは、インド仏教だけではなかった。中国本土から、あるいは敦煌を経由して、禅系統の中国仏教が勢力を広げようとしていた。

ただし同じ仏教とはいいながら、両者の主張は大きく異なるものであった。そして、チベット国内のさまざまな勢力が、それぞれ思惑を秘めて、かたやインド仏教、かたや中国仏教というぐあいに応援し、いろいろな領域で衝突する。事態は、政治上の勢力争いとも深く絡んで、深刻化の一途をたどり、解決する兆しはいっこうに見えない。こうなると、権力の頂点に君臨するティソン・デツェン王としても、なんらかの手を打つ必要にせまられてくる。

ついに七九四年、サムイェー寺において、インド仏教と中国仏教が、それぞれ代表者を選び出して論争し、決着をはかることとなった。インド仏教の代表は、シャーンタラクシタの弟子、カマラシーラ（七四〇?〜九七）。中国仏教の代表は、敦煌出身の禅僧摩訶衍《まかえん》（大乗和尚）と伝えられる。論争は足掛け三年の長きにわたり、最終的にはティソン・デツェン王が、カマラシーラ側の勝利を宣言して終わった。

しかし、この決着もまた、ただ単に宗教哲学上の是非だけが理由ではなかった。政治上の利害関係も、大きく影響していた。

中国仏教が主張した「頓悟《とんご》」では、悟りに到達するには、一歩一歩着実に進んでいくことは必ずしも求められない。瞑想して深い境地に達し、そこで一瞬の契機をつかみさえすれば、一気に悟りに到達できるはずだと主張する。この考え方では、現実世界における善行の集積は、ほとんど意味をもたない。

一方、インド仏教が主張した「漸悟《ぜんご》」では、悟りに到達するには、一歩一歩着実に進んでいく必要がある。瞑想でいくら深い体験をしても、瞑想から出てしまえば、元の木阿弥《もくあみ》になりかねない。そんなことより、現実世界において善行を集積したほうが、はるかに意味があると主張する。

この両者の主張を比べた場合、中国仏教に現体制を否定しかねない危険な匂いを、王が嗅ぎつけたとしても、無理はない。少なくとも、インド仏教のほうが、体制維持のためには、ずっと安全であった。かくして、ティソン・デツェン王はインド仏教の勝利を宣言し、チベット仏教は基本的にインド仏教を継承すると決まったのである。

この決着は、その後の歴史を振り返ってみるとき、チベットの歴史にとって、大きな転換点であったといっていい。こののち、チベット人は中国から文化的な影響をほとんど受けずに、近代に至った。チベット人のなかでは、たとえ知識階級であっても漢文が読めた者はきわめて稀《まれ》で、という以前に漢文を読もうとした者はきわめて稀で、いわゆる中国的な教養や知識は、チベット人とはまるで縁がなかった。もし、あるとすれば、せいぜい茶を飲む習慣くらいだろう。

これは、近代に至るまで、チベット人は中国の精神文化に敬意をもたず、いいかえればなんら劣等感をいだかずに済んできたという意味になる。チベット人にとって、中国は、あくまで政治的な枠組みでのみ、その存在を把握すべき対象であって、文化的な枠組みでは無視してもかまわない対象であった。

こういう事例は、中国の周辺に位置する国や民族では、ほかに例を見出《みいだ》せない。後世、モンゴル帝国がチベット仏教に傾斜した理由の一端も、東アジアから中央アジアでは、精神的な価値体系において、チベットだけが中国文明に対抗できる唯一無二の存在だった点にあった。この事実は、今日のチベットと中国の関係を考えるうえで、まことに重要である。

仏教王国

ティソン・デツェン王を継承したティデ・ソンツェン王（七七七～八一五　在位七九七～八一五）も、父王と同様に仏教を擁護し、仏典のチベット語への翻訳に大きな力を注いだ。この王の時代に仏教訳語が統一され、翻訳事業は大きくすすんだ。ただし、この時期に翻訳された密教経典は、まだ比較的初期のものばかりで、世間一般の常識を逸脱しがちな後期密教の導入は、いまだ危険視されていたことがわかる。

ティデ・ソンツェン王のあとを継いだティック・デツェン王（八〇六～四一　在位八一五～四一）は、「有髪の僧」を意味するレルパチェンとよばれたほど、仏教の普及に情熱を傾けた。インドから輸入された重要な経典や論書の翻訳はほぼ完了し、さらには敦煌に居住していた漢族を動員して、漢訳経典の翻訳もおこなわれた。

この王の統治下では、ペルギ・ユンテンという僧侶が、宗教界のみならず、政界をも指導し、その方針に沿って、さまざまな施策がいとなまれていた。この事実から、吐蕃王国に仏教がいかに深く浸透していたか、よくわかる。建国当初の、吐蕃＝軍事国家というイメージは、このころになると、少しずつ影が薄くなり、その代わり仏教国家というイメージが色濃くなりつつあった。

ペルギ・ユンテンは唐との和平を最重要の課題とみなしていた。その背景には、仏教が、ただ単に暴力を否定し、和平を希求するから、という理由だけでは説明しきれない事情があった。このころ、北アジアから中央アジアにかけて、トルコ系の遊牧民国家ウイグルが成立し、唐と同盟関係をむすんだからである。ウイグルの軍事力はすこぶる強大で、唐との戦争ですら、思い通りにいかなくなっていた吐蕃にとって、この同盟は脅威であった。

吐蕃は唐と和平交渉を開始し、八二三年には、和平の盟約を刻んだ石碑が、吐蕃の首都のラサと、唐の首都の長安に建立された。このうちラサに建立された石碑は、長い歳月のあいだにかなり摩滅したとはいえ、街の中心に位置する大昭寺《だいしょうじ》の門前、向かって左側に、今もそのまま立っている。

王国の崩壊

ともあれ、こうして長年の戦争が終結し、やっと平和な時代が訪れた。しかし、このときすでに吐蕃は衰退に向かっていた。このころの数代の王の寿命を見ても、どんどん短くなってきている。

これは、その王朝が衰退に向かっていることを示す、なによりの証拠といっていい。日本に例をとれば、平安末期に幼少年の天皇が相次ぎ、鎌倉時代の後期に執権《しっけん》が相次いで若死にし、江戸時代末期に同じく将軍が夭折《ようせつ》する傾向にあったことなどがあげられる。中国史でも、前漢後漢《ごかん》から始まって、唐でも後期になると、皇帝が相次いで若くしてこの世を去っている事例が、いくらも指摘できる。

王や皇帝が若年で死んでしまう理由は、いろいろあろう。近親婚がもたらす血統そのものの衰退や、贅沢すぎる食事と運動不足。一刻も早く後継者を得るために、少年時代から、過剰なまでに女性と接しなければならないという性生活のありかた。そして、なによりも、権力をめぐって繰り返される陰湿な闘争に由来するストレスが、王や皇帝を、成人する年齢に至る前に、死に追いやってしまうのだろう。

いずれにしても、王権を幼少年がになわなければならないとなれば、そこに彼を裏からあやつる人物が、必ず現れる。これもまた、世界史の法則だろう。吐蕃もその例に漏れなかった。後述するように、王を支えるはずの権臣や外戚《がいせき》が、おのれの権益をあるいは確保しあるいはさらに拡大しようと、それぞれの思惑を秘め、入り乱れて権力闘争に明け暮れる日々となった。

加えて歴代の吐蕃王が、経典の翻訳はもとより、仏教の導入に精力をそそぎ続けてきたことも、国家の財政にとっては重い負担となっていた。インドから、シャーンタラクシタやカマラシーラのような、インド仏教史にその名が残る超一流の僧侶を招聘《しょうへい》するには、多額の金品を布施《ふせ》として、彼らが所属する僧院に支払わなければならなかった。むろん、寺院の建立にも、莫大な費用がかかった。さらに、そこに居住する大勢の僧侶たちが、なに不自由なく、仏教の研究と修行に専念できるようにするには、経済的な支援が欠かせなかった。

また、経典の翻訳は、一朝一夕というわけにはいかない。語学をはじめ、筆記能力や文章作成にすぐれた才能をもつ人材を養成し、かつ長い期間にわたって彼らの生活を支えていくだけの経済力が求められた。

したがって、現代流にいえば、仏教の導入にはイニシャルコストとランニングコストの両方で、膨大な額の投資が必要になった。しかも、投資したところで見返りがすぐ得られるという話ではない。

もちろん、チベットの歴史をあとになって振り返れば、このときの投資は、チベット仏教という一大ブランドの確立に大いに貢献し、チベットが過酷きまわりない中央アジア史のなかで生き残るために、大いに役立った。しかし、少なくとも短期的には、いいかえれば、吐蕃王国の時代に限っていえば、投資に見合う結果が得られたとはとても言えなかった。

なぜ、そこまでしなければならなかったのか。これはあくまで私個人の考えにすぎないが、ティデ・ソンツェン王から後の歴代吐蕃王は、おのれを取り巻く過酷な現実の政治に背を向け、仏教が描き出す美しい理想の世界に、いわば逃避する傾向があったように思われてならない。

その典型例というべき「有髪の僧」ことティック・デツェン王が崩御し、そのあとを継いだダルマ・ウィドゥムテン王（八〇九〜四二　在位八四一〜四二）は、在位わずか一年ほどで、宰相に暗殺された。

後継者をめぐって、吐蕃の宮廷は真っ二つに割れ、それぞれが吐蕃王の血統を継ぐ者を王に立てて、対立した。こうして、吐蕃王国は二つに分裂し、統一政権は失われた。

吐蕃王国が分裂すると、王国の内部が混乱しただけで済まなかった。王国の経営にとって不可欠であった、シルクロードの要衝に派遣されていた辺境軍の統制が失われてしまったのである。これは王国の存続にとって致命的であった。たとえば、最も重要であった敦煌では、漢族を中心に編成され、帰義軍と呼ばれていたチベット軍団が反乱を起こし、河西回廊にあった吐蕃領を掌握した。他の地域でも、詳細は明らかでないが、同じようなことが起こったらしい。河西回廊をはじめ、東部の国境地帯に進駐していたチベット軍はまたたく間に四散し、その大半は故郷に帰ることすらできなかったようである。吐蕃の勢力圏は急速に小さくなっていった。こうして、ダルマ・ウィドゥムテン王の暗殺から一〇年もたたない八五〇年ごろの時点で、吐蕃王国は実質的に滅亡した。そしてこののち、現代に至るまで、チベット高原に統一政権を擁する国家は、二度と確立されなかったのである。

なお、チベットの史書や伝承では、ダルマ・ウィドゥムテン王は悪魔の化身とされ、仏教を徹底的に弾圧したといわれている。しかも、その死は、仏教の滅亡を憂いた行者によって、額を射られたためと伝えられている。しかし、同時代の文献から、王が宰相に暗殺された点に、疑いの余地はない。

それどころか、王が仏教を弾圧したというのも、事実ではないようだ。むしろ逆に、王が仏教哲学に関する著作をのこした証拠も見つかっている。どうやら、王の暗殺が吐蕃王国の崩壊に直結していたために、その責任がすべて、この王一人に帰せられた可能性が高い。

吐蕃は、王権を確立し国家を安泰にみちびくために、仏教を導入したはずであったが、その仏教が王権をゆるがし国家に重い負担をかけ、王権の失墜と国家の崩壊につながっていった。まことに皮肉な結果というしかない。そして、現代に至るまで、チベットは、仏教をじつに巧妙に利用することで危機の時代を乗り越えながら、仏教に過剰に依存することで時代から取り残されるというパターンを、いくたびも繰り返すことになる。

なにより大事な仏教再興

「分裂したチベットがどのようにして蘇《よみがえ》ったかという歴史は、この国では仏教がどのようにして再興したかという話としてしか伝わっていない」と、チベット史の世界的な大家として知られる山口瑞鳳《やまぐちずいほう》氏が、その著書のなかで嘆いている。たしかに、仏教が伝来して以降、チベットでは、何にも増して、仏教が最優先された傾向が否めない。「護教心はあっても、愛国心はない」という厳しい評価すらあるくらいだ。

チベットの仏教界では、大学僧プトゥン（一二九〇～一三六四）が提唱して以来、事実はともあれ、ダルマ・ウイドゥムテン王の仏教弾圧が開始されたと伝えられてきた年、すなわち八四一年を境に、チベット仏教の歴史を前後に二分する考え方が通用している。八四一年以前を「前伝期」、約一〇〇年の移行期を経て、中央チベットに戒律の伝統が復活した一〇世紀の後半以降を「後伝期」という。また、前伝期にチベットに入った密教経典を「古訳」、後伝期にチベットに入った密教経典を「新訳」とよぶ。そして、古訳を中心として成立している宗派を「ニンマ派（古派）」、新訳を中心として成立している宗派を「サルマ派（新派）」と称する。

前伝期と後伝期のあいだの約一〇〇年は、国家による庇護を失った仏教が、どのようにして再びよみがえるか、を模索する年月であったと考えていい。その結果、浮上してきた解答の一つは、やはり密教を積極的に導入し、民衆の期待にこたえることであった。

また、おのおの教団は、国家による保護を失ったため、以前とは異なる形態をとらざるをえなくなった。新たな形態は、傑出した僧侶と、その指導にしたがう弟子たちから構成される集団となり、いわゆる宗派教団が誕生しはじめた。

こうしたタイプの教団が成立し存続できるようになった理由は、約一〇〇年の混乱期に、仏教が民衆のあいだに浸透し、彼らの熱い支持を得られたおかげにほかならない。その意味からすると、「前伝期」と「後伝期」を結ぶ決して短くはない時間は、新しいチベット仏教を生み出すために不可欠な揺籃期であったことになる。

第三章　チベットにおける仏教の成熟（一〇世紀〜一二世紀）

一〇世紀から一二世紀のチベット情勢

一〇世紀から一一世紀のチベット情勢を概観すると、西チベットではグゲ王国が成立し、中央チベットでは地方ごとに氏族が割拠し、北チベットの青海湖の周辺では青《せい》唐《とう》王国が建国されていた。このうち、グゲ王国と青唐王国の王位についていたのは、吐蕃王家の血統を引く者たちであった。

さらに、チベットを取り巻く国際情勢を見ると、東では、唐が滅亡したのち、さまざまな民族が、短期間に興亡を繰り返した五代十国《ごだいじっこく》時代（九〇七〜六〇）を経て、宋が建国されていた。また宋の北方には契丹《きったん》族（キタイ人）を中心とする遼《りょう》（九一六〜一一二五）、河西回廊には党項（タングート族）の西夏《せいか》（一〇三八〜一二二七）、西夏の西にはトルコ系の天山《てんざん》ウイグル王国があったというのが、当時の情勢である。

宋は、唐とは異なって、建国の当初から滅亡に至るまで、内政を重視し、チベットに対して積極策をとらなかった。というより、北方には遼・金《きん》・モンゴルと、相次いで強力な遊牧民王朝が勃興《ぼっこう》し、また西北方にも西夏が覇を唱えていたために、その対策に追われっぱなしで、チベットにまで手が回らなかったとみなしたほうが、的を射ているのかもしれない。

いずれにせよ、宋の方針は、チベットにとっては幸運であった。統一政権が失われ、文字どおり氏族たちによる割拠の状態が続いていても、チベットがなんとか存立しえたのは、宋がチベットに積極的に介入しなかったおかげであったといっていい。

話をチベット内部にもどせば、この時代のチベット系の国々のうち、後世にもっとも大きな影響をあたえたのは、グゲ王国であった。もちろん、「もっとも大きな影響」とは、あらためて指摘するまでもなく、仏教の興隆と発展の領域において、という意味である。この点については、すぐあとで論じるとして、まずは青唐王国について簡単に説明しておこう。

青唐王国は、宋と西夏の中間に位置し、西夏を避けて宋に向かうシルクロードの商人たちがあつまるツォンカ（現在の西寧《せいねい》）を中心に、青海湖の周辺を支配した。中国の史書には「青唐羌《せいとうきょう》」の名で登場する。

初代の国王は、吐蕃の滅亡後、西チベットのラダックに亡命していた王族の血を引くティデという人物である。彼は、この地方に割拠していた氏族たちが、党項に対抗

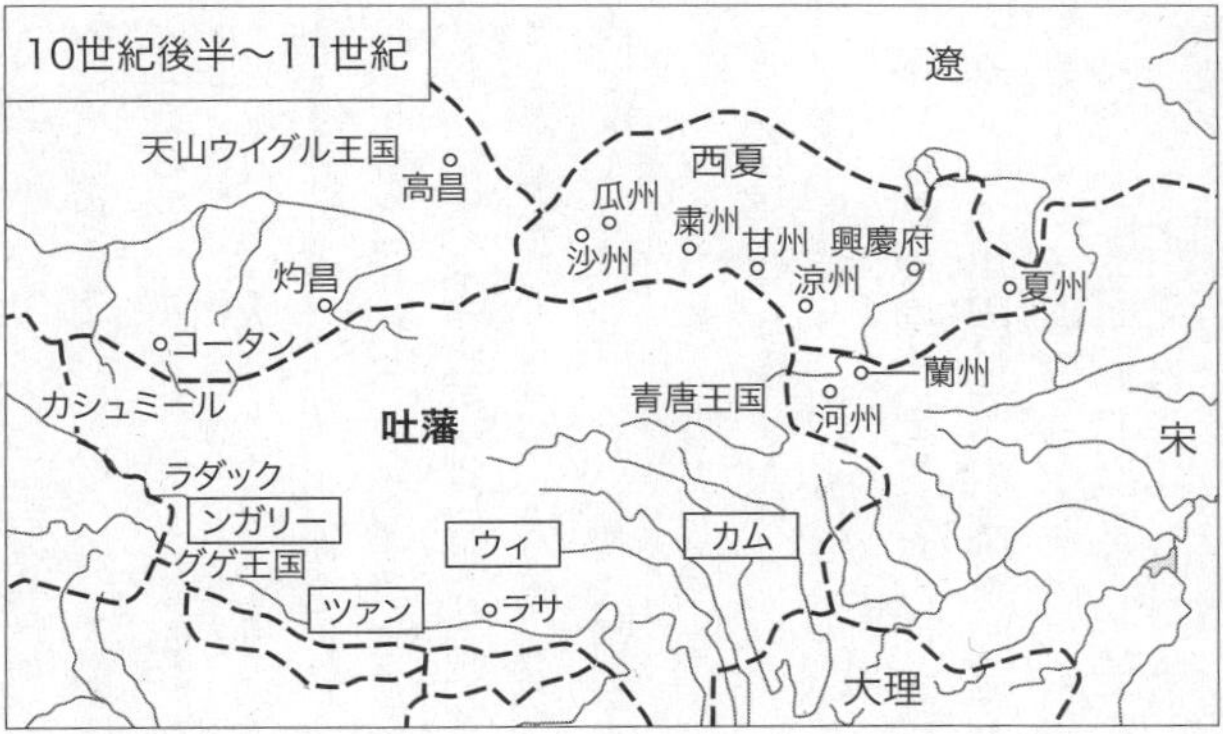

図6　西夏・青唐周辺図

して自分たちの権益を確保するために、高貴な血統の人物を、あくまでただ統合の象徴としてまつりあげようと、遠路はるばる招いたらしい。ところが、案に相違して、ティデはすこぶる政治的な才能に恵まれていたようで、逆に氏族たちをしたがえ、一〇三二年に青唐王国を建国した。

ティデは「唃厮囉《こくしら》（ギェルセー）」とよばれた。これは「菩薩《ぼさつ》」を意味する。この呼称に恥じず、彼は仏教の熱心な庇護者でもあった。その都には、シルクロードの交易から得られた富を背景に、宏壮《こうそう》な寺院が建立されていた。そして、僧侶は税と兵役を免除された。この点は、さすが吐蕃王家の血統を引く人物の名に恥じない。

彼は軍事的な才能にも恵まれ、西夏初代の皇帝となる李《り》元昊《げんこう》（一〇〇三～四八　在位三八～四八）を相手に、一三〇五年には秘計をもちいて大勝利をおさめたこともあった。宋は、西夏を牽制するため、青唐王国と同盟関係をむすび、盛んに交易するとともに、ときには連合軍を組織して軍事行動を起こしたが、こちらは成功しなかったらしい。しかし、青唐王国は所詮《しょせん》は弱小勢力に終始し、かつての吐蕃王国のような強大さはもちえなかった。ティデから四代ほど続いたのち、一二世紀の初めころ、宋の軍門に降って併合され、その姿を消すことになる。

こうして、青唐王国は滅び去った。しかし、青唐王国には吐蕃王国の時代から綿々と受け継がれてきた戒律の伝統があり、それはやがて中央チベットにもたらされて、後伝期における仏教の再興に寄与することになる。

グゲ王国とアティーシャ

次は、西チベットの情勢である。

一〇世紀の前半になると、西チベットに、吐蕃王国の末裔たちが新たな王国を建設した。この王国はグゲ王国と呼ばれ、現在の地名でいえば、ンガリー（阿哩《あり》）地方からカイラース山（カン・リンポチェ）の西と南、インドのラダック地方あたりを支配した。主な物産は岩塩や毛皮であり、インドやネパールに輸出されて国家の財政を支えた。

歴代の王たちは吐蕃王国と同じく、仏教をあつく庇護した。王たちは、これまた吐蕃王国の王たちがそうであったように、戒律を重んずる出家主義の仏教を望んでいたらしい。いいかえれば、戒律に抵触しがちな密教は導入したくなかったらしい。

しかし、その思惑は成功しなかった。なぜなら、仏教の本場インドにおいて、このころ、後期密教（無上ヨーガタントラ系の密教）が全盛期を迎えていたからである。案の定、新時代の仏教経典翻訳史の冒頭を飾る大訳経僧《やつきようそう》リンチェン・サンポ（九五八〜一〇五五）が訳出した経典のなかには、一〇〇部以上の密教経典が含まれ、無上ヨーガタントラ系の経典も少なくなからず含まれていた。

後世の影響という点において圧倒的な足跡を残したのは、インドからチベットに来訪したアティーシャ（九八二〜一〇五四）である。アティーシャは初めは在家密教に身を投じ、悟りの境地をえたともいわれるが、在家密教者としてのあり方に疑問を感じ、三〇歳近くに至って出家し、あらゆる仏教を学び、やがてインド仏教界最高の寺院として有名なヴィクラマシーラ寺の座主の地位を得たと伝えられる。

グゲ王は莫大な報酬を用意して、アティーシャをチベットに招いた。じつは、このときに限らず、インドの高名な僧侶をチベットに招くには、莫大な支度金が欠かせなかった。アティーシャをチベットに招聘するにあたっては、人間の首から下の重量に匹敵する黄金が用意されたと、ツェタンペ・グー・ローツァワ・シュンヌペー（一三九二〜一四八一）著『テプテルグンポ（青冊史）』の「アティーシャ伝」に書かれている。

これはもとはといえば、当時、イスラム教徒との戦争に敗れて捕虜になっていた西チベット王の身代金であった。ところが、老齢の王が余命幾ばくもない自分の生命を救うよりも、インドから令名高い僧侶をチベットへ招聘するように遺言したために、そのまま転用されたのである。つまり、インドの高僧には一国の老王の生命と同じ価値があるとみなされていたことになる。

八世紀以降、インドから仏教史に名を残す高名な僧侶が、つぎつぎにチベットへおもむいた背景には、インド仏教の行く末に対する不安から、新天地チベットへの布教を推進するという宗教的な使命感だけでなく、こうした莫大な支度金が得られるという実利的な理由もあった。ただし、インド仏教の名誉のために申し添えておけば、これらの莫大な支度金は基本的に、個々の僧侶に対してではなく、その僧侶が属する僧院に対して支払われ、ヒンドゥー教やイスラム教の攻勢のまえに劣勢をよぎなくされ、経済状態も傾きつつあった仏教僧院の建て直しに使われたのである。

アティーシャは西チベットを経て中央チベットに入り、その地に客死するまで、多くの弟子を養成した。彼は、密教の部門では無上ヨーガタントラ系密教の信奉者であり、密教以前の大乗仏教にあたる顕教《けんぎょう》の部門では、「空《くう》」こそ仏教における究極の真理にほかならないと主張した、ナーガールジュナ（龍樹《りゅうじゅ》　一五〇?～二五〇?）を創始者とする中観派《ちゅうがんは》の信奉者であった。

なお、無上ヨーガタントラ系密教では、性的ヨーガ（性瑜伽《しょうゆが》）と称して、性行為を修行に導入することが試みられた。なぜならば、ナーガールジュナによって究極の真理に設定された「空」は、男女の性行為によって生じる快楽を介して、体得できるとみなされたからである。ただし、通常の性行為で得られる性的快楽は、どこまでいっても性的な快楽に過ぎず、それによって「空」を体得できるわけではない。しかし、呼吸法や射精の制御をはじめ、極度の精神集中を可能にする特殊な技法を駆使して、快楽を極限まで高めていけば、通常の性的快楽とはまったく別次元の快楽、すなわち大楽が生じるという。そして、この体験によって、「空」を体得するのである。これを、「楽空無別」の境地とよぶ。

図7　チャクラサンヴァラ（ペンコルチューデ仏塔）

もちろん、性行為は、仏教の律《りつ》によって厳禁されている。そのため、あくまで律に従うべきか、それとも真理の体得を優先すべきか、その判断をめぐって、インド密教もチベット密教も深刻に悩むことになった。

ちなみに、アティーシャは西チベットに来てまもなく、大訳経僧のリンチェン・サンポと会談したものの、両者はあまりそりが合わず、周囲が期待していた協力関係には至らなかった。会談後、アティーシャは「翻訳官は阿呆だ。私がチベットに来る必要はやはりあった」と述べたと、前記の「アティーシャ伝」に書かれている。このように、チベット仏教にかかわる人々は、まことに個性が強く、また自尊心も強く、容易に妥協しないかたむきがある。

そもそもチベット人は、なべて個性が強く、また自尊心も強く、容易に妥協しない傾向がないではない。こうした性格が、民族が一丸となり統一国家を再興しようという気運を阻んできたことも、否めない。

話をアティーシャにもどせば、彼がチベットにおいて著した『菩提道灯論《ぼだいどうとうろん》』は、小《しょう》乗《じょう》・大乗・密教のそれぞれに存在価値を認め、一つの体系にまとめたうえで、密教、特に無上ヨーガタントラ系の密教に至高の価値を認めた。すなわち、顕教と密教を、一つに統合する可能性を示したのである。以後、この方向はチベット密教の主流となり、のちにチベット仏教界の最大宗派ゲルク派の祖となったツォンカパ（一三五七～一四一九）によって、壮大な体系にまとめあげられることになる。

アティーシャは人望があり、かつ教育者としての資質も豊かであったようで、チベット人の弟子たちを数多く養成した。なかでも、アティーシャのチベット招聘に尽力し、また終生アティーシャに師事して法統《ほうとう》を継承したドムトゥン（一〇〇五～六四）は、まさに筆頭の弟子であった。彼は師の没後、カダム派を創設して、戒律を厳しくまもる僧院仏教の範型を提示し、後世に大きな影響をあたえた。カダムとは「（伝統的な）教説」を意味する。

中央チベットの状況

チベットでは、どの時代であろうと、政治も宗教も、その中心は中央チベットにあった。いくら北チベットや西チベットが興隆しようとも、最終的に中央チベットの状況が動かなければ、チベット全体はほとんど変わらない。

その中央チベットで、一〇世紀以降、特筆すべき事態の進展が見られた。チベット仏教独特の宗派がいくつも成立したこと、そしてそれを可能にした各地の変化である。

現在のチベット仏教界は、ゲルク派・サキャ派・カギュ派・ニンマ派の、いわゆる四大宗派から構成されている。このうち、一五世紀の初めに成立した最後発のゲルク派をのぞく、三つの宗派が一〇世紀から一二世紀におよぶ時期に成立している。

もっとも、チベット仏教の場合、「宗派」という言葉の使い方は、注意が必要になる。もし仮に、宗派を「統一された組織と教義体系をもつ宗教集団」と定義するならば、この定義が厳密な意味であてはまるのはゲルク派しかない。定義をやや甘くすれば、サキャ派が宗派の名に値する。しかし、ニンマ派とカギュ派は、そうはいかない。

すぐあとで説明するとおり、ニンマ派は、まとまりのある一つの教団ではなく、いくつかのよく似た傾向をもつ系統の総称にすぎない。同じく、カギュ派も、まとまりのある一つの教団ではなく、いくつもの派に分かれて、互いに対立し抗争をつづけた教団の総称にすぎない。彼らをかろうじてまとめていた要素は、開祖とされる人物が同じという点だけであった。

こういうまとまりのなさや対立抗争の激しさは、これまでも指摘してきたとおり、チベットの歴史に往々にして見られる現象であり、チベットが統一体として機能することをたびたび阻んできた。吐蕃王国が滅亡して以来、政治的な求心力を失ったチベットでは、仏教勢力が政治勢力に転化しがちであったから、仏教勢力の動向はそのますぐに政治的な動向に直結し、チベット全体の命運を左右する方向へ進んでいかざるをえない。宗教的な対立が政治的な対立に簡単に転化し、政治的な対立が宗教的な対立の衣をまとって登場してくる。かくして、対立と抗争の種は無尽蔵に供給され、けっして絶えなくなる。この傾向は、一〇世紀以降の中央チベットにおいて、いよいよ顕著になっていくことになる。

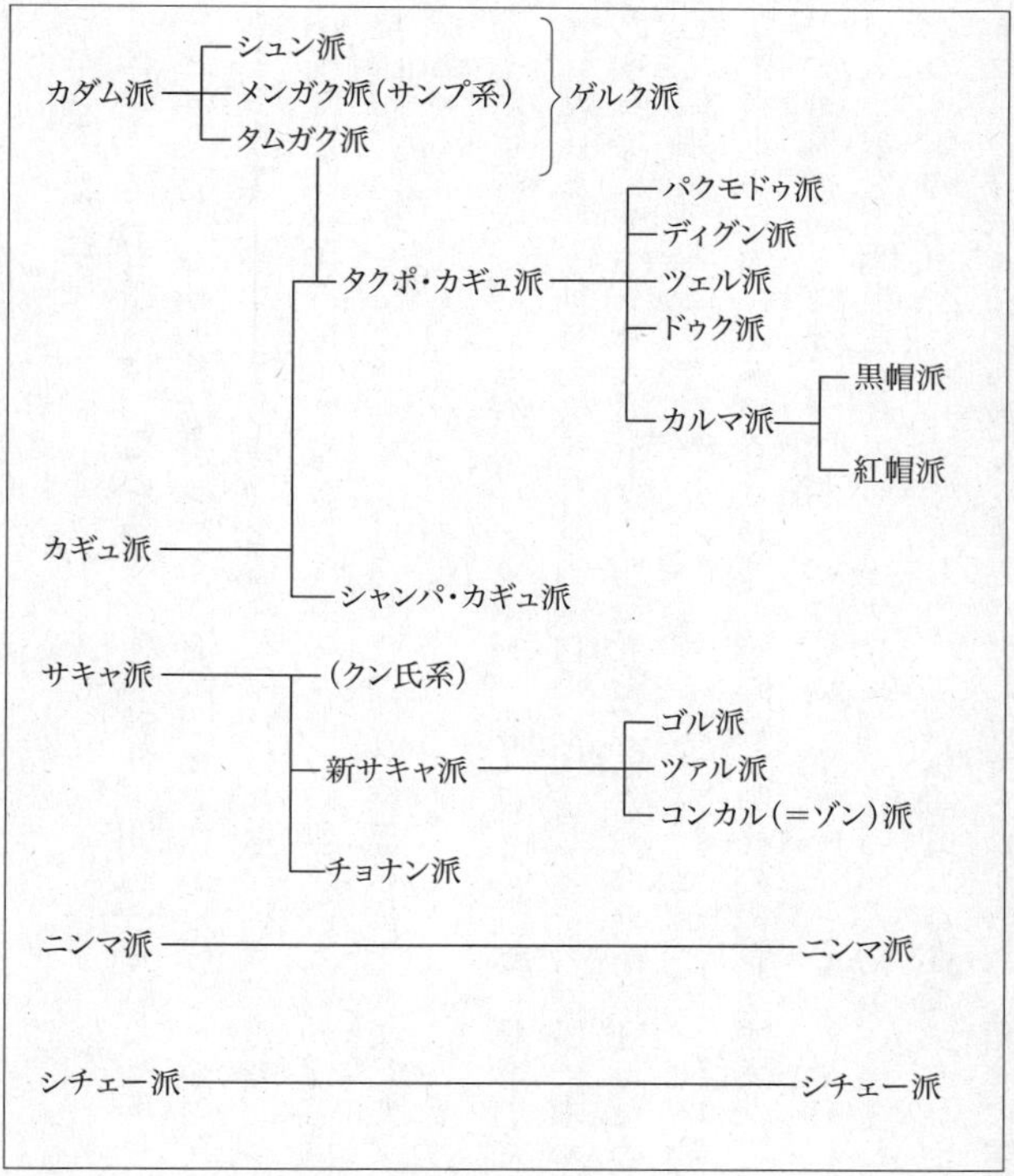

図８　チベット仏教の宗派系統図

ニンマ派の動向

ニンマ派（古派）は、その名が示すとおり、開祖とされるパドマサンバヴァが活動した年代や典拠とする経典の多くは前伝期までさかのぼるものの、宗派として成立してくるのは、やはりこの時期を待たなければならない。ただし、ニンマ派の場合は、正統派を自認するゲルク派から「ニンマ派の僧侶が百人いれば、百の教えがある」と皮肉られたように、まとまりはあまりなく、宗派全体として行動することはほとんどなかった。

その原因は、ニンマ派が「ンガッパ」とよばれる在家の密教行者を中心に構成されていたからだ。彼らの大半は地方の村々に居住し、その地域で求められる呪術、例をあげれば、チベット人の主食である麦を、雹《ひょう》や霰《あられ》の害から守るための呪術などを駆使して報酬を得ることを、なりわいとしていた。したがって、他の宗派のように拠点となる大寺院はなかなか建立されず、確固たる教義の構築もままならなかったゆえに、一つの宗派としてまとまる機会は少なかった。

そもそも、開祖とされるパドマサンバヴァという人物が、実在したことは確かでも、その具体的な事跡にきわめて乏しい。半ば伝説的な存在であり、他の宗派の開祖のように、その宗派独自の教義を確立したわけでもなかった。日本の宗教に類例を求めれ

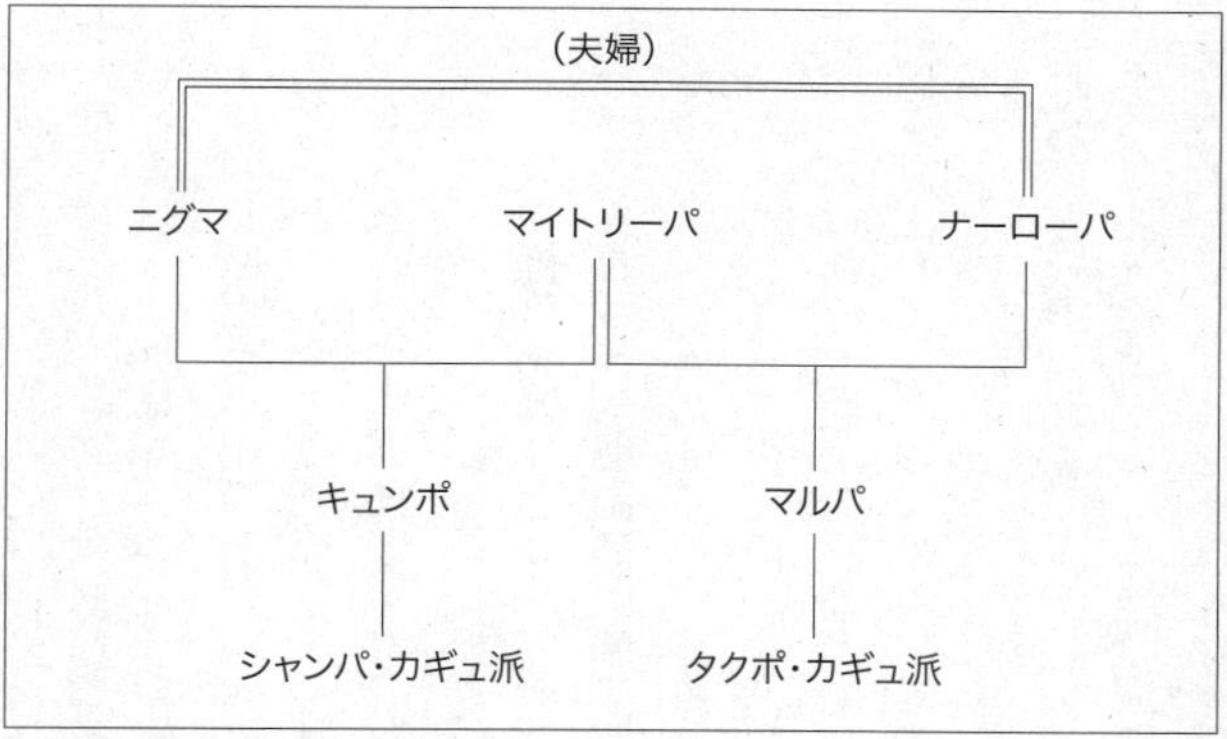

図9　カギュ派の系統図

ば、ニンマ派は修験道に近い成立事情と行動様式をもち、パドマサンバヴァはその開祖とされる役行者《えんのぎょうじゃ》にあたるとみなせるであろう。

カギュ派

チベットの歴史を考えるとき、もっとも大きな影響を後世に残したのは、カギュ派の成立と展開である。

カギュ派は、キュンポ（九九〇〜一一三九）とマルパ（一〇一二〜一〇九七）という二人の在家密教行者を開祖とする。彼らは、それぞれ別個に、インドやネパールに師を求めて旅立ち、キュンポはニグマ（一一世紀）とマイトリーパ（アドヴァヤヴァジュラ　一一世紀）から、マルパはナーローパ（一〇一六〜一一〇〇）とマイトリーパから、それぞれ教えを授かった。

ナーローパとマイトリーパはともに密教行者であり、理論と実践の両面で偉大な足跡を残している。ニグマは女性密教行者で、理論家としての著作もあり、八年間ほどはナーローパの妻であった。つまり、カギュ派の始祖たちは、多少時間がずれるとはいえ、同じ原点から出発したことになる。

カギュとは「教えの伝統」を意味する。ちなみに、開祖のキュンポとマルパの間には、全然といっていいほど、人的な交流はなかった。そのうえ、後世、キュンポの法系（シャンパ・カギュ）が四つ、マルパの法系（タクポ・カギュ）が九つにも分裂して、互いに対立抗争を繰り返した。そういう歴史をもつにもかかわらず、一つの「教えの伝統」とみなされた理由は、同じ原点から出発し、当然ながらよく似た「教え」を信奉しつづけたことにある。

このカギュ派は、後発のサキャ派やゲルク派とは違って、整然とした教理体系の構築などにはあまり関心を示さなかった。もっぱら密教行法の実践に、自分たちの存在価値を見出してきたのである。この点では、ニンマ派に近いところがある。

氏族教団のおじ甥相続

すでに述べたように、この時期になると、カギュ派に限らず、仏教教団はどこでも自立の道を歩まざるをえなくなっていた。というより、統一的な権力が不在なチベッ

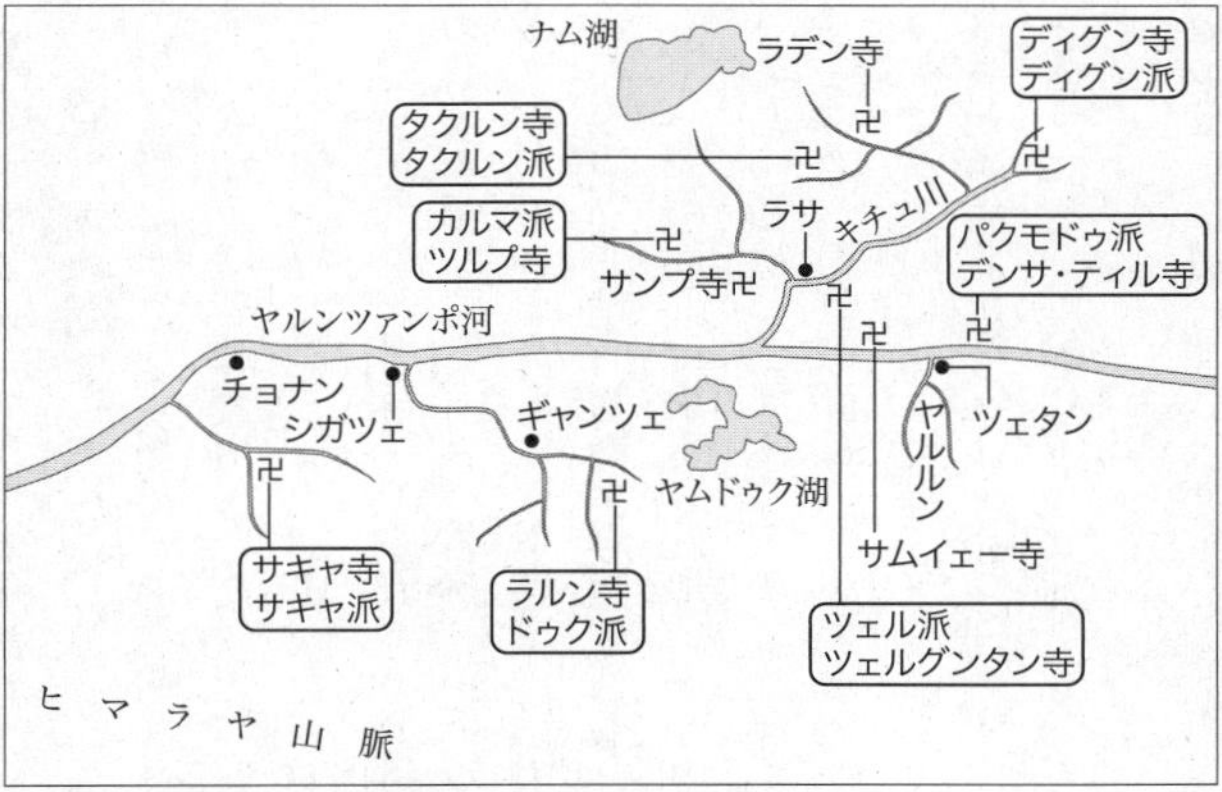

図10　氏族教団と拠点寺院（13 世紀後半）

トでは、自立を遂げた仏教教団が、その地域と人々の求心点となり、ただ単に宗教的な領域にとどまらず、政治的な役割すら演ずることになったというべきだろう。

しかし一方で、妻帯する在家仏教では、戒律を守りようがなく、正しい仏教は継承できないという認識も広まりつつあった。そのため、出家者だけから構成され、戒律を厳しく守る教団がぜひとも必要だ、と考えられはじめていた。

そこで試行錯誤の結果、各地方の有力な氏族たちは、妙案を思い付いた。それが「氏族教団」であった。

すなわち、寺院を自分たちのいわば氏《うじ》寺《でら》として建立し、氏族の中の男子を出家させて寺院の指導をゆだね、その寺院を中核に地域を統治する。後継者には、その男子の兄弟の息子をあてる。つまり、父系のおじと甥の間で、歴代にわたり、寺院を経営しつづけていくのである。これを、「おじ甥相続（ウォンギュー）」とよぶ。宗教上の見地からしても、おじを師、甥を弟子とみなせば、師資相承となって、何の問題も生じない。ようするに、この方式ならば、戒律を犯すことなく、氏族を繁栄させることができる。

ふつうなら、出家といえば、世俗からの離脱、具体的には自分が生まれた血族からの離脱を意味する。ところが、チベットでは、出家することは出身氏族を世俗的な領域で支えることだという不思議な結末をまねいたのである。

こういう閉鎖的な継承形態と、もともと秘儀的な色彩の濃い密教行法とが相まって、カギュ派の性格は決定されていった。そして、この性格ゆえに、カギュ派は分裂と抗争を繰り返すことにもなったのである。

こうした氏族教団は一二世紀ごろから徐々に形成されていったらしい。一三世紀に入るころになると、中央チベットの東部に位置するヤルルン地方にパクモドゥ派、首都ラサの東北にディグン派、同じくラサの南東にツェル派、中央チベットの西部のブータンに近い地域にドゥク派といったぐあいに、大規模な氏族教団が確立していた。

サキャ派

氏族教団には、カギュ派のそれとはまた別のタイプも存在した。それがサキャ派である。

話は少しさかのぼる。一〇七三年、中央チベットの西部、サキャ（白色の土地）という場所に、コンチョクギェルポ（一〇三四〜一一〇二）という人物によって、サキャ寺が建立された。この寺を本拠地に形成された宗派がサキャ派である。彼が登場する以前は、この地の教団は古訳の密教を奉じ、在家密教行者を中心としていたようだが、彼がドクミローツァワ・シャーキャイエシェー（ドクミ翻訳家　九九三〜一〇七四）から新訳の密教を伝授されると、次第に新訳の密教をも修学することとなった。すなわち、ニンマ派からサルマ派へと、展開を遂げたのである。

さらに、コンチョクギェルポの子、クンガーニンポ（一〇九二〜一一五八）は、チベット仏教史上、最大級の天才であった。彼は、それまでにインドから請来《しょうらい》されていた密教を再統合し、独自の見解を加味して、「道果説《どうかせつ》（ラムデー）」という教説を築き上げた。

「道果説」では、密教の修行で、解脱を求めて修行を重ねてゆく過程＝「道」に、すでに悟り＝「果」が実現していると説く。その典拠となったのは、あらゆる密教経典の中でもっとも性的なメタファーに富むことで知られる『ヘーヴァジュラ・タントラ』で、インドの大成就者として名高いヴィルーパ（七〜八世紀）がその創唱者とされる。おそらく、クンガーニンポはヴィルーパの見解をもとに、性的ヨーガの実践を通して、解脱への方途を見出したのであろう。

サキャ派は、教説のみならず、継承の方法においても、独自の方式をつたえてきた。端的にいえば、サキャ派の継承は血統第一であった。すなわち、歴代の総師《そうすい》は開祖の嫡流が継承してきたのである。より具体的には親子の相続で、ときには父系のおじ甥の相続もあった。そして、原則的に歴代の総師は妻をもち、その下に生涯にわたり童貞をたもつ出家者の集団がいて、総師の指導に従うという形態がとられてきた。

しかし一三世紀の初頭、サキャ・パンディタ（一一八二〜一二五一）が登場するにおよび、サキャ派は戒律を重視し、顕教をもあわせ学ぶ宗派へと変容した。サキャ・パンディタは、チベット仏教史上にかつて例を見なかった大学者であり、しかもヴィクラマシーラ寺最後の僧院長で、顕密を合わせ学んで修行し、かつ戒律を厳しく守ったシャーキャシュリーバドラ（一一二七〜一二二五）の弟子だったからである。

サキャ・パンディタは、単なる仏教者というだけではとても済まない存在であった。ある意味で、チベットの救世主であったといっても過言ではない。その話は、あとで詳しく述べよう。

転生活仏制度の誕生

カギュ派はまた、別の形態をもつ教団組織の生みの親でもあった。そして、後世は、氏族教団の衰退を尻目に、この新たなタイプの教団組織を採用した宗派が優位を占めるようになっていく。

氏族教団が衰退していった原因は、ひとことでいうなら、人材の払底《ふってい》である。出身氏族の期待をになって寺院を経営していくには、それなりの力量が必要とされる。宗教的な資質も欠かせない。だが、そのような条件を十分に満たすような人材が、おじ甥相続に限られる中で、おいそれとは見つかるはずがない。まして、優れた人材を歴代にわたって得ようというのは、どう考えても無理だろう。

凡庸な人物が地位につけば、その寺院はおのずから衰退し、ひいてはその出身氏族もまた、衰退していかざるをえない。

そこに登場してきた制度こそ、現代のダライ・ラマとも深く関係する転生活仏《てんしょうかつぶつ》（トゥルク）制度であった。そして、この制度を発明したのも、カギュ派の系統であった。

やや時間をもどそう。マルパの法系は、チベット史上最大の詩人でもあったミラレパ（一〇四〇〜一一二三）を介して、ガムポパ（一〇七九〜一一五三）に受け継がれた。

ガムポパは、それまでひたすら在家密教の色彩が濃かったマルパの教えに、インド伝来の正統仏教ともいうべきアティーシャの教えを組み込み、カギュ派が大宗派に発展していく基礎を築き上げた。ただし、マルパ→ミラレパ→ガムポパという法系は、マルパ自身の考え方や生き方からすれば、その忠実な継承者とはとてもいえなかった。にもかかわらず、主流派になりえた理由は、ガムポパのたぐいまれな資質、とりわけ教義を構築し、教団組織を形成していくために欠かせない現実的な対処能力にあったらしい。

ガムポパの後継者の多くは、パクモドゥ派・ディグン派・ツェル派・ドゥク派のように、氏族教団の形態を採用した。このうちドゥク派は、現在もブータンの国教として命脈をたもっている。

しかし、カルマ・ドゥスンケンパ（一一一〇〜九三）を派祖とするカルマ派だけは、氏族教団の形態をとらなかった。このカルマ派が、いわば発明した新たな継承システムが、転生活仏制度にほかならない。カルマ派は、この制度を採用することで、カギュ派のなかでも、ひじょうに有力な宗派に成長し、ひいてはチベット仏教界の動向を左右するほどの存在となって、後世の歴史に多大の影響をあたえていく。

この制度は、悟りの境地に達した僧侶は、大乗菩薩道の極致として、利他に徹するために、あえて永遠に解脱せず、この世に何度でも生まれ変わって人々の救済にあたる、という大乗仏教の理論にもとづいている。やや詳しくいえば、この理論は「大悲《だいひ》闡提《せんだい》」とよばれ、中期の大乗仏典として知られる『入楞加経《にゅうりょうがきょう》』などに説かれている。

そうはいっても、転生活仏制度を発明し、実際に運用してきたのはチベット仏教しかない。日本仏教も、同じ大乗仏教でありながら、こういう制度とはまったく無縁であった。同じく、大乗仏教に属す中国仏教も朝鮮半島の仏教もベトナム仏教も、転生活仏制度は採用していない。とすれば、この制度はチベット仏教に固有の制度という結論にならざるをえない。

なお、カルマ派の転生活仏、すなわち法王は歴代にわたり、モンケ・カアン（ハーン）から拝領した黒い帽子をかぶっていたので、黒帽ラマ（シャナクパ）とよばれた。しかし、明《みん》時代になって、永楽帝《えいらくてい》からもっと豪華な黒い帽子をあたえられると、以前の黒い帽子をやめて、それをかぶるようになった。このへんは、チベット人の変わり身の早さというか、調子の良さというか、じつにしたたかなところが、よく出ている。

過酷な修行

転生活仏制度は、すでに述べたとおり、大乗仏教の「大悲闡提」とよばれる思想にもとづいている。この世に何度も生まれ変われるゆえんは、自己の意識を新たに生まれてくる幼児に転移させることができるからと説明される。ようするに、生まれ変わりの思想である。

その幼児は「転生霊童」とよばれ、前任者が入滅《にゅうめつ》した後、その遺言や遺物などを判断材料にして、捜索される。期待にこたえられそうな幼児が発見されれば、まず受胎の記憶など、さまざまな質疑応答がなされる。この質疑応答に合格すると、寺に引き取られ、ヨンジンとよばれる専属の教師に養育され、ようやく後継者となる。

教育は英才教育の極みともいうべき内容で、ひじょうに高度かつ厳正であった。密教を含む大乗仏教の教理を正しく理解することは、むろん不可欠とされたが、それ以上に重視されたのは、記憶力と集中力と直感力の開発と増進である。なぜならば、信者たちに教えを、とりわけ難解な密教の真髄を伝授するにあたって、理論的な判断力や社会的な常識よりも、これらの能力が絶対に必要であったからだ。

これらの能力を獲得するには、瞑想修行が必須とされた。この修行では、姿勢を正し、呼吸を整えて、長時間にわたって坐《すわ》りつづけ、心を不動の状態にみちびくことが求められる。その実践は成人でも耐えがたいが、じっとしているのがなにより苦手な子供にとって、これほど辛い修行はなかったであろう。

たとえば、ゲルク派の転生活仏ダライ・ラマ一三世（一八七六〜一九三三）の伝記によれば、幼少時から、トゥンシ・ネンジョル（四座のヨーガ）とよばれる瞑想修行を課せられた。この修行は、一日に四回、瞑想の座につくもので、瞑想の習慣を身に付けさせるのが目的であった。次いで、レールン（短期の瞑想修行）とよばれ、数週間から数ヶ月間にわたる瞑想修行を課せられた。実際に、一三世は、一〇歳になるまでに、三ヶ月間にもおよぶ瞑想修行を成就している。さらに、成人後は、ニェンチェン（大規模な瞑想修行）とよばれ、いったん入ると三年から四年間もつづく長期の瞑想も成就しなければならないとされていたから、それにそなえてあらかじめ幼少時から過酷な訓練が設定されていたのである。

また、重要な法会《ほうえ》が開催されるときは、何週間にもわたって、夜明け前から夜半に至るまで、宝座《ほうざ》に坐りつづけ、主宰者としての役割を果たさなければならない。しかも、指導はきわめて厳格で、容赦なかった。後継者となったダライ・ラマ一四世も、「ヨンジンたちは、わたしが誰であろうと、いっさい手加減してくれなかった」と述懐している。

黒帽ラマと紅帽ラマ

そのせいかどうか、歴史を見ても、少なくとも高位の転生活仏には、人格的に立派な例が多かった。聞くところによれば、霊童の候補はあらかじめ複数が選ばれていて、その幼児の資質が確認できるようになる三歳までじっくり観察し、最終的にいちばん適任と思われる幼児を選んだらしい。

もっとも、転生霊童がつねに宗教上の理念にもとづいて選ばれていたとはいいがたい。なかには、ダライ・ラマ四世のように、強大な軍事力をもつモンゴル系王族の子息から選ばれている事例もある。これなどは、どう考えても、強力な後援者を得たいという政治的な配慮があったとしか思えない。

また、転生活仏制度に欠点がないわけではない。まず、前任者が遷化《せんげ》して、後任となる転生霊童が選ばれるまでに、最低でも数年の空白が生じる。さらに、その転生霊童が成人して指導者として機能するまでには、二〇年近い歳月がかかる。つまり、この間に、四分の一世紀ほどの、膨大な時間が必要になる。これでは、すこぶる効率が悪い。

そこで、転生活仏制度を発明したカルマ派では、法王の黒帽（をかぶる）ラマが不在もしくは機能しない時期の補佐役として、副法王の地位を創設した。もちろん、副法王も転生活仏のかたちで継承される。この副法王は赤い帽子をかぶるので、紅帽《こうぼう》ラマ（シャマルパ）とよばれた。

こうして、カルマ派では、黒帽ラマと紅帽ラマが交互に組織の頂点に立ち、指導者が不在の時期をなくす制度をつくりだした。しかし、両雄並び立たずという事態が、ここでも起こった。もともと宗派内のすこぶる政治的な要請から創設された紅帽ラマは、次第に独立性を高める傾向が見られだした。そして、最終的には、カルマ黒帽派、カルマ紅帽派と称されるように、別々の宗派のような様相すら帯びていく。

チベット全土に広がる転生活仏制度

では、いつ、転生活仏制度は発明されたのか。権威付けのために、往々にして時期をさかのぼらせがちな伝承はともかく、実際に転生活仏制度が運用されはじめたのは、第三世黒帽ラマとなったランジュン・ドルジェ（一二八四～一三三九）のときからと推測されている。

ランジュン・ドルジェはたいへん優れた人物で、その功績は、宗教的な領域にとどまらず、橋の架け替えや紛争の調停など、すこぶる多岐にわたった。チベットやモンゴルで宗教的権威として認められるためには、絶対に欠かせない霊能の点でも、卓越した力を発揮したらしい。

その典型は、彼の死にまつわる伝承にあらわれている。ランジュン・ドルジェは一三三九年、元の大カアン（皇帝）のトゴン・テムル（順帝《じゅんてい》）から大都《だいと》にまねかれ滞在していたおり、カルマ派を敵視するサキャ派の手にかかって毒殺された。そのときちょうど、夜空にかかる満月の中に、ランジュン・ドルジェの顔があらわれた。それを見た大カアンは、大いに心を動かされ、ますますカルマ派を重用することになったと伝えられる。

ちなみに、チベットにおける歴史書や伝記類は、一五～一六世紀以降に成立した例が大半を占めている。ランジュン・ドルジェの事跡が記された『ケーペーガトゥン』

の成立も一五六四年なので、彼は在世した時点から数えると、三〇〇年近くも経過している。したがって、信憑性に疑問符がつくが、この領域に詳しい田中公明《たなかきみあき》氏は、五歳の幼児がカルマ派の最高指導者を象徴する大きな黒帽をかぶって満座の失笑を買ったとか、経典を読ませたところ間違えたとか、都合の悪いこともこの書には正直に書かれているので、少なくともランジュン・ドルジェについては、信用して良いのではないか、と述べている。

最初の転生活仏となったランジュン・ドルジェが、当時のチベットにとって最も重要であった元との外交関係に大きな成功をおさめたことは、チベット仏教の他宗派に衝撃をあたえた。この衝撃は、優れた後継者の育成に、転生活仏制度が他の制度よりも適しているという認識につながった。

こうして、転生活仏制度は大成功をおさめた。それを目の当たりにした他の宗派も、続々とこの制度を採用していった。

たとえば、ゲルク派の最高指導者ダライ・ラマがその典型である。世界中でいちばん有名な転生活仏というべきダライ・ラマ制度は、カルマ派と、チベットの聖俗両面にわたる覇権をめぐって、長きにわたり熾烈《しれつ》な闘争をくり返したゲルク派が、自派の組織固めのために、敵対していたカルマ派の制度をそっくりそのまま真似《まね》て、採用したというい きさつがある。

今では、チベット仏教の寺院の多くが、継承法式として、転生活仏制度を採用した結果、チベット仏教界には転生活仏がおびただしいほどたくさんいる。しかも選び方に問題があったのか、教育がうまくいかなかったのか、理由はわからないが、私が実見した限りでも、資質や素行の疑わしい例もないではない。

第四章　モンゴルとチベット（一三世紀〜一四世紀）

モンゴル帝国の覇権とチベット

一三世紀のはじめ、ユーラシア大陸に大衝撃が走った。いうまでもなく、モンゴルの大膨脹《だいぼうちょう》である。

モンゴルは、強大な軍事力を背景に、各地に覇権を確立していった。まず手始めに、華北《かほく》にあったツングース系の金を滅ぼすと、今度は軍勢を西に派遣し、その地にあった国々を次々に版図に組み入れていく。最終的には、三〇〇年存続してきた宋をも滅ぼし、モンゴルはユーラシア大陸のほぼ全域を、その掌中に収めることに成功する。

こうしたモンゴルの動向は、当然ながら、チベットにもかつてなかった甚大な規模の影響をおよぼした。

モンゴルがチベットを狙っているという情報は、一二二七年に西夏が滅ぼされた直後から、チベットにもたらされていたようである。氏族教団の指導者や各地の領主たちは、モンゴルの軍事力が、統一政権すら存在しないチベットでは、とうてい太刀打ちできないほど強大なことをよく知っていて、会議を開いて、無条件で降伏することを決定し、その旨を使者に託して、モンゴル軍に送った。

ところが、モンゴル軍はそれを無視した。一二三九年、チンギス・カンの後継者として、モンゴル帝国第二代の大カアン（皇帝）の地位についたオゴディ（在位一二二九～四一）は、子息のコデンをチベット攻略に派遣し、東チベットのカム地方から中央チベットに向かって、軍勢を進めさせた。

なお、「カン（ハン）＝汗」は「王」を、「カアン（ハーン）」は「皇帝」を、それぞれ意味する。後世の伝承はともかく、歴史的な事実としては、チンギスの場合は終生、「カン」の称号しか名乗らなかったので、本書ではチンギス・カンと表記している。

コデン軍は、各地の寺院を略奪し、焼き討ちを繰り返しながら、侵攻してきた。しかし、不思議なことに、有力な氏族が運営する氏族教団の寺院には、ほとんど手をふれていない。どうやら、これらの寺院は、抜け目なく事前にコデン軍に接触し、金品を送って、略奪をまぬがれるように依頼していたらしい。

さいわい、コデン軍のチベット侵攻は、これまた最有力の氏族教団の一つであったパクモドゥ派の指導者サンギェー・キャプの尽力が実って、短期間で終わり、モンゴル軍は撤退していった。ただし、撤退の条件として、コデンは、みずからのもとにチベット人の代表を送らせ、その人物をとおして、チベットを支配すると言い残した。

そこで、この難しい役割をまかされたのが、さきにふれたサキャ派を代表する高僧のサキャ・パンディタである。このときにこの人物が、運良くいあわせなければ、その後のチベットの命運は悲劇に終わった可能性がひじょうに高い。チベットにとっては、それくらい、大切な役割を演じた人物であった。

強圧的なコデンの招請状

ここから先のいきさつは、現代史の観点からも、きわめて重要である。なぜなら、今日中国が、チベットは七五〇年も前から中国領土であったと主張している根拠にかかわってくるからだ。

まず、コデンがサキャ・パンディタを呼び寄せるにあたり、一二四四年に送った書簡を提示しよう。

これは至高にして繁栄と強大さを誇る王、余《よ》の要請である。

サキャ・パンディタ・クンガ・ギャルツェンにこの言葉を聞かしめよ。

余が父祖と、大地と天上への恩義に報いるため、
余に正しき道義を導き賜《たま》う、僧侶を欲す。

探したり、見出したり。
道の険しくを問わず、来るべし。
老いたりと言わば、
古《いにしえ》より、有情《うじよう》の衆のため仏陀《ぶつだ》が捧げしあまたの転生仏はいかに。
仏陀が示し賜うところに、汝《なんじ》の戒律は反するのか。
余はすでに法典を定めたり。
余が強大な兵をもって、民、畜獣《ちくじゆう》を討つとは恐れぬのか。
疾《と》く、来るべし。仏陀と有情の衆のために。
西方の僧侶たちが汝の智恵《ちえ》を崇《あが》め、認めたり。
布施として五デチェンの銀を送るなり。
これを果たすため、ドルジゴンとポン・ジョダルマを遣わす。

龍の年、八月前夜記

すこぶる強圧的な文面である。もっとも、元朝の初代大カアン（モンゴル帝国第五代大カアン）に即位したクビライ（一二一五～一二九四　在位一二六〇～九四）が日本に送った書簡も、その末尾に「兵を用いるに至っては、夫《そ》れ孰《たれ》か好む所ならん」と書かれていたように、ひどく強圧的な表現に満ちた内容であったから、これは、あらかじめ相手を威嚇しておこうという、モンゴル一流の戦略であったのかもしれない。

この書簡を受けて、サキャ・パンディタは六三歳の高齢にもかかわらず、甥で一〇歳のパクパ・ロド（一二三五〜八〇）と同じく六歳のチャクナ・ドルジを連れ、コデンに会うために旅立った。ところが、コデンは軍勢を引きつれて各地を転戦していたために、なかなか会えない。三年の歳月をかけ、一二四七年、ようやくコデンの陣営を訪れたサキャ・パンディタを待っていたのは、想像をはるかに超えた厳しい貢納《こうのう》条件であった。重い課税を目的とする広汎な調査を実施し、効率的な駅伝網を設置して、チベット全土をくまなく覆う「万戸《ティコル》」制を実現するよう強要したのである。しかし、この条件を呑《の》まなければ、チベットは滅ぼされるにちがいないと考えたサキャ・パンディタは、あえて受諾した。しかし、そこには、深謀遠慮が秘められていた。

じつは、この最初の謁見のとき、サキャ・パンディタはコデンに「衆生《しゅじょう》救済」や「因果応報の道理」など、仏教の教えを授けた。また、サキャ・パンディタは、コデンの白血病を癒《いや》したとも伝えられる。これを受けて、コデンは仏教に改宗している。

これらのことからわかるように、コデンはサキャ・パンディタから、いたく感銘を受け、その熱烈な信者となってしまったのである。その証拠に、宗教儀礼を遂行する際、今後は、首席シャーマンと託宣《たくせん》者が最前列に坐《ざ》すことを許さず、代わりに最高位の僧侶サキャ・パンディタが主座につくこと、祈禱《きとう》式は仏教僧がとりおこなうこととする、という命令を下している。ここには、はやくも、後年のモンゴルを席巻《せっけん》したチベット仏教礼賛《らいさん》の萌芽《ほうが》が見てとれる。

サキャ・パンディタは、モンゴルの宮廷から、チベットへ書簡を送っている。そこには、こう書かれていた。

したたかなサキャ・パンディタの書簡

この手紙は、ウィとツァン地方、ンガリー地方の仏教導師と施主《せしゅ》の皆さんに宛てたものです。私がモンゴルにまいりましたのは、仏法と有情の衆、とくにチベットの人々のためになると思ったからです。

大施主《だいせしゅ》は私にたいへん満足なさり、こうおっしゃっておられます。

「サキャ・パンディタは余のために、若い甥のパクパとともに来てくれた。余は汝を招いた。ここに来た者たちは恐怖から解放される。汝には、安らかな心をもって教えを授けてもらいたい。余は汝の望みのものをとらそう。余は汝が心の中のものを知っている」

私がこのたび皆さんにお知らせしたいのは、モンゴル軍が数を頼んでは無敵の強さだということです。あたかも全世界がその支配下にあるがごとく、地に満ちて見えます。知略に長《た》けた不屈のわがチベットの皆さんは、逃げることによって、危険を乗り越えられるとお思いかもしれません。あるいは、こんな遠いところまでモンゴル兵は来る気はないとお思いでしょうか。また、戦うことで打ち勝てるとお考えでしょうか。術策やごまかし、悪知恵を弄することによって、丸め込んでしまえるとお考えですか。いまや大勢のチベット人が服従してはいますが、わずかばかりの貢《みつ》ぎ物でモンゴルの官吏を満足させることは難しいでしょう。モンゴルは税と賦役《ぶえき》を軽くしてくれると思っている人々もいます。実際には、どこよりも重い税と賦役を課します。モンゴルに比べれば、他の国々のほうが軽いのです。

族長の名前、人口、貢ぎ物の総数を記載するときは、よくよく注意して、さらに三枚の写しを作ってください。一枚を私に送り、一枚をサキャに保存しておいてください。三枚目は族長がめいめい保存しなければなりません。（以下略）

一説に、モンゴルは当初、チベット人を皆殺しにして、その土地はすべて家畜の放牧場にしようと考えていた。ところが、チベット人が文書の管理能力に優れている事実を発見し、それならば、生かしておいて、広くなるばかりの領土を効率的に管理するうえで欠かせない文書を作成させ管理させたほうが得策だ、と考えをあらためたというのである。たしかに、このサキャ・パンディタの書簡を読むかぎり、ありえない話ではない。

また、サキャ・パンディタの書簡の末尾には、こういう文言も書かれている。

黄金があれば、なにごともかなうのですから、よくよくお考えめされよ。

なかなか謎めいた表現で、解釈はいろいろあるが、チベット人たちに、これからはモンゴル人を施主として、繁栄をはかれ、という意図を込めていたのではないか、という説が強い。とすれば、凄《すさ》まじいしたたかさである。

こうして、サキャ・パンディタは、モンゴルのチベット侵攻を最小限に食い止めたどころか、モンゴル王室とのあいだに親密な関係をつくることに成功したのである。

パクパとクビライ

オゴデイ・カアンのあとを継いで、モンゴル帝国第三代の大カアンとなったグユク(在位一二四六~四八)が、わずか足かけ三年ほどで逝去すると、その跡目をめぐって、モンゴルは大混乱におちいった。すると例によって、機を見るに敏なチベットの教団指導者たちは、誰が後継者になるか、それぞれ想像をたくましくして、いわば先物買いに奔走した。自分たちが関係を強化できた候補者が運良く後継者になれれば、その教団はまちがいなく繁栄できると踏んだのである。

その支離滅裂ぶりは凄まじいばかりで、ディグン派とカルマ派はモンケを、サキャ派とツェル派は当初はコデンを、次いでクビライを、タクルン派はアリク・ブケを、パクモドゥ派はフレグを、それぞれ後継者に見立てて、接触をはかった。

実際に第四代の大カアンの地位についたのはモンケ（在位一二五一〜五九）であったが、その在位はごく短く、ディグン派とカルマ派の喜びは長続きしなかった。さらにその跡目を狙って、今度は、クビライとアリク・ブケとフレグの兄弟が、熾烈きわまりない闘争を繰り広げることになる。

この闘争に勝利したのは、クビライであった。サキャ派とツェル派は、賭けに勝利した。とりわけ、サキャ派はもっとも早くからモンゴルと接触していたから、その地位はますます高まった。

このとき、サキャ派を代表して、元の成祖となったクビライに対峙《たいじ》したのは、かつてコデンのもとを訪れるサキャ・パンディタが連れていた甥のパクパであった。パクパは、クビライがまだ大カアンになる前から、ひじょうに親しい関係を築くことに成功していたらしい。クビライが大カアンになったことで、パクパとサキャ派の地位はいよいよ確かなものとなった。パクパは才気と美貌《びぼう》と霊的能力に恵まれていたらしく、クビライはその傑出した人となりに深く惚《ほ》れ込んだと伝えられる。ちなみに、モンゴル最初の文字として名高いパクパ文字は、彼が創造したといわれる。

パクパの時代、チベット側の主張によれば、チベットは元の属国という地位を脱し、ふたたびチベット人自身を指導者としてあおぐ独立国としての地位を回復した。この主張は、チベット側の一方的な解釈とは言い切れない。なぜならば、クビライはパクパに、チベットの国土と人民を支配する権利をゆだねたうえに、サキャ派以外の宗派にも、多額の布施や寄進《きしん》のほか、税や兵役や傭役の免除をはじめ、過保護と評されるほど、さまざまな特権をあたえたからである。

皇帝につきつけた条件

そのいきさつを述べよう。

クビライが、親子ほども年齢差のあるパクパに、チベット密教の秘法を伝授してくれるように懇願したとき、パクパは条件を提示した。その条件とは、パクパがクビライの上座につき、クビライはパクパの前に平伏しなければならないという内容であった。世界最高の権力者に対して、無謀としか表現のしようのない条件である。

この条件を、クビライは拒否した。至高至上の地位にある大カアンとしては、当然の反応だろう。しかし、パクパはゆずらない。両者は互いに自分の主張にこだわって、にっちもさっちもいかない。するとこの状況をみてとったクビライの皇后チャブイが、両者の面子《メンツ》が立つような妥協案を示した。それが、以下の原則である。

瞑想・説法《せっぽう》・少人数の集会では、僧侶が首座に坐ることができる。しかし、大規模な集会で、王侯貴族やその家族、族長、一般の民衆がいるときには、クビライが首座に坐る。臣下を統率するには、秩序を守る必要があるからだ。

チベットに関しては、クビライがパクパの意思にしたがい、僧侶に相談せずに命令を下さない。しかし、他の問題に関しては、パクパはクビライに指示をあたえることを、みずからに禁じる。パクパの慈悲深い心が、力による支配にそぐわないからだ。パクパはこれらの事項に口出ししない。

この原則に沿って、パクパはクビライに、チベット密教の秘法を伝授した。それにこたえて、クビライは、パクパに、チベットの一三万戸、ならびに三州すべての支配権を、ともに譲りわたした。

また、クビライはみずからが信奉するチベット仏教を、漢民族が信奉する中国仏教の上位に置き、パクパに、世界中の仏教徒をすべて統括する地位すらあたえた。いまでも、チベット仏教僧のなかに、チベット仏教こそ、世界最高の仏教だと断言する傾向があるのは、こういう事情にもよる。

「華夷秩序」への挑戦

私のような仏教の研究者としては、このときパクパがクビライに伝授したという秘法の中身は、いかなるものであったのか、興味を引かれる。サキャ派は、すでに指摘したとおり、実質的な宗祖というべきコンチョクギェルポ、あるいはその後継者のクンガーニンポ以来、性的ヨーガを解脱のための究極の秘法として伝承してきた歴史をもつ。そして、サキャ・パンディタは戒律をきびしく守る立場を強調していたとはいえ、パクパには「道果行者」という、妙に気になるあだ名がつけられていた。

とすれば、パクパがクビライに伝授したという秘法が、性的ヨーガにまつわる内容であったとしても、とくに不思議ではない。事実、モンゴル宮廷は、チベット密教の性的ヨーガをはじめとする秘法に惑溺《わくでき》して、政治をおろそかにし、衰亡を早めたという記述が、中国の史書に見出せる。諸般の事情から推して、ありえない話ではない。

しかし、中国史上、数多い皇帝のなかでも、聡明さにかけては比類ないとも評されるクビライほどの人物が、ただ単に性的ヨーガに魅せられたために、チベット仏教を保護したとは、考えがたい。そのほかに、もっと重要な理由があったのではないか。

この問いに対しては、チベット研究の専門家から、以下のような説が提示されている。それは、ごく簡単にいえば、この当時、「華夷秩序《かいちつじょ》」に対抗できる唯一無二の価値体系こそ、チベット仏教であったという指摘である。

華夷秩序とは、中国の周辺諸国が、文明の中心にほかならない中国を頂点にいただき、中国との関係の疎遠に応じて、上下を位置づけられる体制をいう。早い話が、中国文明を、「中華」の名のもとに、至上至高に位置づけ、その他は、「夷狄《いてき》」の名のもとに、甚だしく劣るとみなす価値観にもとづいている。元以前に成立した非漢族王朝は、この華夷秩序を乗り越えることができず、結局は中国文明に呑み込まれて、滅亡していった。

元に至るまでの歴史を振り返ってみれば、中国には、非漢族王朝が多々あった。そのほとんどは、北方遊牧民が建てた王朝である。歴史に大きな足跡を残した事例だけをあげても、南北朝時代の北魏《ほくぎ》など北朝《ほくちょう》系の王朝から始まって、遼や金があった。最近の研究では、隋《ずい》も唐も、北魏と同じ鮮卑系の血を引く王朝という見解が強いが、隋と唐の場合は、漢族出身を標榜《ひょうぼう》し、「中華」を前面に押し出していたので、ここでは省かせていただこう。

これらの北方遊牧民が建てた王朝の末路は、どうなったか。中国文明に魅せられ、中国文明の虜《とりこ》になったあげく、みずから中国化の一途をたどり、遊牧民としての原点を喪失し、滅び去っていった。中国の歴史に明るかったクビライは、この事実をよく知っていたはずだ。

しかし、「華夷秩序」を克服するのは、容易ではない。軍事力だけでは、とうていかなわない。まずはなによりも、「華夷秩序」に対抗できるだけの精神的な価値体系を見出さなければならない。それを求めていたクビライの目にかなったのが、チベット仏教であった――。

この指摘は、的を射ているようにおもわれる。もともとモンゴルは宗教には寛容で、征服した地域の宗教を、柔軟に受容した。たとえば、西アジアを征服したモンゴルは、そこがイスラム教圏であったので、イスラム教をそのまま受容している。特別なこだわりは、全然なかった。

クビライにすれば、チベット仏教を保護することで、華夷秩序を克服できるのであれば、宮廷の風紀が多少乱れても、またチベットにさまざまな恩典をあたえても、十二分に計算は合う、そういうことであったのではないだろうか。

サキャ派の全盛時代

秘法の内容をめぐる詮索《せんさく》はともあれ、パクパのおかげで、一二五三年、チベットは独立を回復したとチベット人たちは理解した。しかも、モンゴル皇帝とチベット仏教の筆頭僧侶のあいだに、「チュ・ユン」、すなわち「施主と説法師」もしくは「施主と帰依処《きえしょ》（霊的指導者）」などとよばれる特殊な関係がむすばれた、とチベット側は解釈した。

この解釈はさらに拡大されて、チベット仏教側がモンゴル側に、霊的な力を付与し、その権威を高める代わりに、モンゴル側はチベット仏教側に、必要な経済的な支援を、さらに時と場合によっては、軍事的な支援をあたえることすら可能になるという結論を導き出す。それは、チベット仏教にとって、もちろんひじょうにつごうが良かったため、こののち、モンゴルとの関係において、なにかにつけて、主張されるようになっていく。

かくして、クビライの信任まことにあついパクパは「帝師《ていし》」という称号を授けられた。ちなみに、「帝師」という職務は、仏教教団を統轄する「宣政院《せんせいいん》」という機関の長官にあたる。

この称号を「国王」と解釈したサキャ派は、モンゴルの政治的および軍事的な実力を背景に、全チベットを統治することになった。パクパのあとも、サキャ派歴代の指導者たちは、元から帝師や国師《こくし》の称号を授けられたほか、皇帝の娘婿を意味する白蘭《びゃくらん》王《おう》という称号まであたえられ、サキャ王朝ともいわれる統治形態をとることになる。

全盛時代のサキャ派の威勢は、その総本山として名高かったサキャ寺を一目見れば、たちどころに理解できる。今もなお、中央チベットの西部（ツァン）に位置するサキャ寺を訪れる者は、その壮大な規模に驚かされるからだ。

サキャという地名の由来となった「白色」の岩壁を背に、サキャ寺は、文字どおりそびえ立っている。かつては北寺と南寺の二つの区域で構成されていたが、北寺は文化大革命で破壊し尽くされ、南寺しかのこされていない。

しかし、その南寺は、まるで難攻不落の軍事要塞《ようさい》のような外観と規模をもつ。私もチベットの大僧院は、各地で少なからず見てきたつもりだが、サキャ寺の威容は傑出している。

本堂の内部に入ると、巨大な柱が林立している。これらは、クビライが寄進したものと伝えられる。樹木に恵まれないチベットでは、たいへんな宝物と考えられていたであろう。

また、ここには、昔から「サキャの階段」とよばれた有名な階段がある。「サキャ寺に参拝するなら必ず上れ、もし上らなければ、サキャ寺に参拝した甲斐がない」とまでいわれていた。実物はたかだか四十数段ほどの階段にすぎないが、高層建築に乏しいチベットでは、異例の高さと考えられてきたらしい。これも、サキャ寺の壮大さを物語る一端かもしれない。

チベット仏教や歴史の専門研究者にとっては、本堂の裏にある書庫に、うずたかく積み上げられたままになっている膨大な文献の山は、まさに宝の山である。もっとも、

図11　サキャ寺

あまりに量が多すぎて、研究プロジェクトチームを結成しても、とうてい調べ尽くせないといわれてきた。

この件に関連して、中国で発行された『人民網日本語版』（二〇二三年二月二八日）に、サキャ寺に伝承されてきた貴重な文献について、以下の記事が掲載された。西蔵自治区サキャ寺管理委員会の洛卓加措《ロドウギャツォ》常務副主任の談話によれば、サキャ寺は「第二の敦煌」と称され、ポタラ宮、ノルブリンカ（ダライ・ラマの夏の離宮）と並ぶチベットの三大文化財として、二〇〇二年から改修工事が行われている。あわせて、二〇一一年から、古書のデジタル化スキャン作業が実施され、大経堂の経典壁を除いて、古書約一万点が一頁《ページ》ずつスキャンされ、現時点で全体

からず発見される可能性がある。

るかな過去に失われたとみなされていたインド仏教やチベット仏教の重要な文献が遠

の約二〇%のスキャンが終了している、というのである。この作業が完成すれば、は

後世への禍根

サキャ派によるチベット統治を、チベットのすべての教団が認めたわけではない。そもそもサキャ・パンディタがコデンとのあいだで結んだ貢納条件に対しても、皆がおとなしく納得したわけではなかった。この間のいきさつを解明するには、『元史』のような漢文史料に詳しい情報が乏しいので、チベット語史料にあたる必要がある。乙坂智子《おときかともこ》「リゴンパの乱とサキャパ政権：元代チベット関係史の一断面」(『仏教史学研究』第二九巻二号)によれば、面従腹背して約束をうやむやにしようとする者も少なくなく、もっと露骨に面と向かって逆らう者もいた。

じつは、かつて、チベットの統治がうまくいかないことに業を煮やしたコデンが、吐蕃王国の故地として知られるヤルルン地方に軍勢を送り、チベット人を大量に虐殺したことがあった。このときは、ヤルルン地方に余命をたもっていた吐蕃王家の末裔も、チベットが貢納条件を守らない責任をとらされ、殺害されている。

過去にそのようなこともあったから、パクパとクビライの関係に至っては、サキャ

派だけがいい目を見ているという批判が渦巻いていた。また、サキャ派の内部でも、巨大な利権を得られる役職をめぐり、さまざまな陰謀がたくらまれていたらしい。

特に、俗権を行使する立場にあるプンチェン（大臣）職の利権は莫大で、その地位をめぐって、さまざまな葛藤が生じた。やがてパクパは四〇歳代半ばでこの世を去ることになるが、その早すぎる死に関しても、古来、プンチェン職を狙った側近による毒殺説がつきまとう。

さらに、氏族教団のなかには、サキャ派の支配に激しく抵抗する勢力もあった。なかでも、ディグン派は、モンケの没後は、クビライの弟で最大のライヴァルでもあったフレグと深い関係をむすんで、ことあるごとにサキャ派の覇権に挑戦してきた。

この抗争は、クビライとフレグの代理戦争の色彩を帯びていたため、血で血を洗う激しさに達し、もはや戦争といっていいほどの激烈さを示した。一二九〇年、サキャ派は、ディグン派の根拠地であったディグン寺を、自派の影響下にあったモンゴル軍団および同盟関係にあったパクモドゥ派の兵などから構成された連合軍に襲撃させた。堂塔伽藍《がらん》は徹底的に破壊され、僧侶一万人あまりが殺戮《さつりく》された。大僧院のあった谷は、遺体からあふれ出る血で真っ赤に染まったと伝えられる。

いくら敵対していたからと言って、ここまでしてしまうとは、どう考えても仏教の教団にあるまじき所業である。しかし、これもまた、宗教と政治が一体化せざるをえなかったチベット仏教の、偽らざる一面であった。

もっとも、これでディグン派が全滅したわけではない。一部が生き残り、やがてみごとに復活して、氏族教団の強靱《きょうじん》さを証明することになる。

それにしても、これまでのいきさつを見ていると、チベットとモンゴルの関係は、純朴な者同士の関係とはとても言えない。両方とも、したたかで強欲である。サキャ派のようなチベットの支配層は、モンゴルの力をじつにうまく利用して、自分たちの権益を確保している。いっぽう、モンゴルはモンゴルで、チベット側の事情をよく知ったうえで、自分たちは表に出ず、チベット人たちをうまく利用して、とれるだけの税はしっかり徴収し、あまり波風立てずに統治することに成功していたようだ。

さらに、モンゴルは、チベット人たちに、自分たちとうまく手を組めば、チベットを再び統一し、その頂点に君臨できるという幻想をいだかせ、われこそはと野望をいだくチベット人たちを扇動することで、結果的にチベットをますます割拠状態に陥らせたという指摘すらある。「分断して統治せよ」は、植民地支配の鉄則だが、チベットが分裂状態のままなのは、モンゴルにとっても、すこぶるつごうが良かった。つまり、チベットとモンゴルの関係は、第三者の目から見れば、表現は悪いかもしれないが、どっちもどっち、狐と狸の化かし合いという様相を呈していたといえる。

以上のいきさつを経て、チベット仏教界は、モンゴルといかに関係を強化するか、という点に腐心していくことになる。

時間がたつにつれ、貢納条件そのものは、コデンから突きつけられたときと変わらなかったものの、各地の教団には、仏教保護の名目で、いろいろな特権があたえられ、失うものはほとんどなくなっていった。モンゴル側でも、生産力に乏しいチベットから搾り取れるものは、質量ともにたかが知れていることがわかったせいか、チベットに対して、あまりうるさいことを言わなくなった。

それどころか、都へ朝貢《ちょうこう》すれば、たとえ二束三文の粗悪な品々でも、その見返りに数倍以上の下賜《かし》品を、チベット人たちは得られるようになっていた。その下賜品を売りさばいて、チベット人たちは莫大な利益を上げていたという。

このため、モンゴルと強い関係を築き上げた宗派が、モンゴルの経済力と軍事力を背景に、全チベットに覇を唱える構造ができあがってしまったのである。サキャ派は、元との関係があまりに強かったために、元が滅亡すると、その勢力も衰退せざるをえなかったが、それに代わって台頭してきた諸宗派も、みなモンゴルとの関係強化に成功したところばかりであった。諸宗派間の熾烈な争いに最終的な勝利をおさめ、チベット仏教の最大宗派に成長したゲルク派にしても、彼らがそうなりえた理由は、モンゴルへの布教にいちばん成功したからにほかならない。

しかし、この構造は、チベットの独立にとって見過ごせない禍根も後世に残した。

その最大のマイナス要素は、国内で覇権を確立するために、モンゴルなど国外の勢力を利用するという方策が、安易に使われるようになったことだ。国外の勢力をうまく利用しているつもりが、いつのまにか、立場が逆転して、国外の勢力によって、国内の動向が決定されてしまうという結果を招きがちになってしまった。このことに、チベットは今後、何度も悩まされるはめになる。

超天才プトゥン

このように、チベット仏教界は血塗《ちみど》ろの利権抗争という状況にあったが、そのなかでは、新たな次元への飛翔を約束する胎動が始まっていた。その代表がプトゥン（一二九〇～一三六四）である。

彼はニンマ派の家に生まれ、カギュ派の教えを授かり、さらにさまざまな師から顕教と密教をあわせて学び、三一歳でサキャ派系に属するシャル寺の管長《かんちょう》となり、ここを中心にチベット仏教の新展開をはかった。現在、シガツェの南郊に位置するシャル寺の素晴らしい仏画群は、このときプトゥンの管長就任を祝って、この地域を支配していた領主が寄進したものと伝えられる。

プトゥンはアティーシャの考え方を高く評価していた。そのため、顕教と密教の両立を望み、生涯を厳しい戒律を守る出家者として送った。彼は密教のなかでは、インド密教の最終解答ともいうべき『カーラチャクラ・タントラ（時《じ》輪《りん》タントラ）』を至上至高と評価した。

　プトゥンは密教に深い理解を示していたが、出家者としての戒律にしたがい、密教呪術による霊力の行使を拒否した。カギュ派の祖となったマルパが自分の霊魂を死んだ動物に乗り移らせて、自在に動かすという、まさに魔術的な能力の発揮によって、人々から尊敬されるとともに、恐怖されたことを思えば、マルパとプトゥンの間には大きな隔たりがあるといわざるをえない。

図12　カーラチャクラのマンダラ

　プトゥンの代表作としては、『仏教史』、『十万タントラ目録』、『論書目録』などがあり、チベット大蔵経《だいぞうきょう》の編者としても、世界の仏教史に名を馳《は》せている。また多数の注釈書や論書をしたためているが、彼の著述はどれをとっても公正で緻密な内容をもち、今日に至るまで評価は極めて高い。

　たとえば、やがてチベット仏教を大成することになるツォンカパは、インド生まれの仏教者としてはアティーシャを、チベット生まれの仏教者としてはプトゥンを、もっとも尊敬していた。証拠はいくつもあげられる。まず第一に、アティーシャ以来の顕教と密教を両立させるプトゥンの路線を、その弟子であったキュンポヘパから修学し、みずからの基本路線と定めている。密教の継承に欠かせない灌《かん》頂《じょう》儀礼を、プトゥンの一番弟子とされたダツェパ・リンチェンナムギャルから受けている。『カーラチャクラ・タントラ』については、この当時、ブッダが説かれたとは思えないと非難する者もあったが、ツォンカパはブッダが真に説かれた教えとみなし、プトゥンの講義を一七回も聴聞したチューキペルワから教えを授かっているのである。

また、インドで誕生した密教の分類においても、プトゥンは大きな足跡を残している。彼は密教を、理論と実践の両面から、発展段階に応じて、所作・行《ぎょう》・ヨーガ・無上ヨーガの四タントラに分類した。ちなみに「タントラ」という語は、ここでは原義の（密教）経典ではなく、「密教」そのものを意味している。この分類はチベットの伝統仏教界のみならず、現在も世界の密教研究者によって支持されている。

なお、日本の密教界では、密教を歴史的に前期・中期・後期の三期に分けて理解する。この三期説では、中期にプトゥンによる分類のうち行とヨーガが、後期に無上ヨーガが配されることになるので、全体的な構図はよく似ている。ただし、プトゥンによる四タントラ説では、無上ヨーガを最上の密教とみなすのに対し、日本の密教界による三期説では、中期密教を最上の密教とみなし、後期密教を堕落した形態の密教とみなす傾向がある。その背景には、日本密教の祖となった空海の密教が中期密教に該当することや、日本へは無上ヨーガ系の密教が伝えられず、また近年までこの領域に関する研究が未熟で、誤解も多々あったことなどが指摘できる。

第五章　仏教の黄金時代（一四世紀後半〜一六世紀）

元の衰退

一二九四年、東アジアから中央アジア一帯に絶大な権力を行使したクビライが逝去した。これを境に、元の力は、徐々に、しかし確実に衰退に向かっていった。

その原因については、さまざまなことが指摘されている。

一つは、遊牧民に特有の財産継承法が問題であった。遊牧民のあいだでは、財産は均等に分けられるのが通例であったために、代替わりのたびに、継承できる財産は小さくなっていき、貧しくなっていく傾向があった。クビライまでの時代のように、あちこちを次々に征服して、領土が拡大しているうちはよかったが、それがなくなったとき、この弊害があらわになってきたのである。さらに、かつては質朴であったモンゴル人たちも次第に贅沢の味を覚え、とりわけ飲酒にふける者が、身分を問わず、少なくなかった。収入は減る一方なのに、出費ばかりかさむ生活に慣れ親しんでしまっていたから、この問題は急激に深刻化していった。

それにもまして影響が大きかったのは、後継者の選び方である。後継者は、大カアン（皇帝）の指名ではなく、皇族をはじめ、有力な貴族たちの総意にもとづいて決定されるという、これまた遊牧民に特有の継承法が、諸悪の根源になりがちであった。この方式は、一見は民主的に思えるが、実際には利権をめぐる熾烈な闘争の温床となり、結果的に、代替わりのたびにクーデターのような騒動を引き起こした。

大カアンが替わると、彼に仕えていた臣下の多くが、追放では済まず、殺害される場合も多かったようである。モンゴル時代史を専攻する杉山正明《すぎやままさあき》氏によれば、元の大カアン交代劇は、他の王朝なら、王朝そのものの交代劇に匹敵するほど激烈であった（『モンゴル帝国の興亡』下　講談社）。しかも、遊牧民はおおむね早熟で短命な傾向が強いから、こういうことが短い期間でたびたび繰り返されることになる。

ちなみに、クビライの享年七八、在位約三四年という記録は、遊牧民としては前代未聞に近い。クビライの逝去からその皇統が断絶する一三八八年に至るまでの九四年間に、地位についた大カアンの数は一一人いるが、在位の平均年数は、九年にも満たない。

なかには、元朝第九代の大カアンとなったコシラ（明宗《めいそう》　一三〇〇～一三二九）のように、即位して四日後に逝去した例すらある。ここまで短い場合は、暗殺の疑いが濃厚だが、そのほか、コシラの父で第三代の大カアンに即位したカイシャン（武宗《ぶそう》一二八一〜一三一一）、第五代の大カアンに即位したシディバラ（英宗《えいそう》一三〇三〜一三二三）などにも暗殺説がある。

サキャ派からパクモドゥ派へ

以上の事態を受けて、チベットでも有力な教団が、大カアンの代替わりのたびに、誰が後継者となるかをめぐって、大混乱をきたすことになる。

パクパ以来、長らく続いてきたサキャ派によるチベット統治は、権威の裏付けにほかならなかった元の衰退と軌を一にして、実効性を失っていった。サキャ派そのものも、利権をめぐり、四家に分かれて対立と抗争を繰り返し、衰退している。サキャ派の最高権威者にあたえられてきた「帝師」という称号も、次第に有名無実と化しつつあった。

それに代わって台頭してきたのは、カギュ派系の氏族教団であったパクモドゥ派である。パクモドゥ派は、サキャ派の全盛時代から対抗勢力として対峙しつづけ、ディグン派大虐殺のときは、たまたま利害が一致したサキャ派と手を組んだものの、それ以外は、おおむねサキャ派に逆らいつづけていた。

地域的に見れば、サキャ派は中央チベットの西部（ツァン）、パクモドゥ派は中央チベットの東部（ウィ）を支配下に置いていた。もともと、ツァンとウィは仲が良くなく、ことあるごとに対立して、現在に至っている。農業生産や経済力ではツァンが優位、政治力ではウィが優位という傾向にあり、あえて日本でたとえれば、ツァンが関西、ウィが関東といった様相を呈している。

元の末期になると、チベットを統治する力は、ほぼ完全にサキャ派からパクモドゥ派に移っていた。彼らの統治は、なによりも軍事力に由来していた。わけても、パクモドゥ派の聖俗両権を掌握する総攬者（ラプン）に任命されたチャンチュプ・ギェルツェン（一三〇二～六四）の実力は突出し、同時代の誰も対抗できなかった。その実力を背景に、チャンチュプ・ギェルツェンは、元から代官（ダルガチ）に任命されて、最終的には宰相にあたる大司徒《だいしと》の印まで授けられ、全チベットに君臨した。それは、サキャ王朝に取って代わるパクモドゥ王朝と呼んで、なんらさしつかえないような政治体制であった。

ただし、それにも限界があった。いくら実力があるといっても、各地域を統治する領主たちのなかの最高実力者として、チベットの安定をはかるために、警察権を行使できるという地位にとどまり、かつての吐蕃王のような、唯一絶対の存在には、ほど遠かったからである。

そして、パクモドゥ王朝そのものも、ウィとツァンの地域的な対立に巻き込まれて、その内部にも対立を生じ、次第に弱体化せざるをえなかった。そうこうするうちに、実権を、ツァンを統治するために派遣した代官のリンプン氏に奪われ、外戚となって権力を掌握したリンプン氏もしばらくすると、実権をそのまた家臣であったシンシャク氏に奪われるという過程を経て、パクモドゥ王朝は衰退していった。この過程は、鎌倉時代に、源氏《げんじ》政権が実権を執権の北条氏に奪われ、北条氏もやがて、実権を家臣であった長崎《ながさき》氏に奪われて、ついには滅亡の憂き目を見た歴史と、よく似ている。

明の建国とチベット政策

一三六八年の正月三日、元末期の大争乱を勝ち抜いた太祖《たいそ》洪武帝《こうぶてい》こと朱元璋《しゅげんしょう》（在位一三六八〜九八）が、南京《ナンキン》で明の建国を宣言した。もっとも、この時点における明の領土は、黄河から南に限られ、大都（北京《ペキン》）にはあいかわらず元の大カアン順帝ことトゴン・テムルが健在であった。明が元を北に追いやり、中国全土を掌握することに成功したのは、その年の八月のことであった。

しかし、その後も、元は北方の地で、執拗《しつよう》に抵抗しつづけた。元の政権担当者にいわせれば、中国本土の失陥はさして重要なことではなく、モンゴルの故地にほかならない北方の高原地帯に、諸般の事情から、一時的に復帰しただけで、捲土重来《けんどちょうらい》の日を待っているということであった。

そういう元が、再興を完全にあきらめざるをえない事態を迎えるのは、明の建国から二〇年をへた一三八八年のことである。この年、明の北伐軍の前に、大カアンのトクズ・テムル（在位一三七八〜八八）の率いるモンゴル軍団が惨敗を喫し、トクズ・テムル自身も逃亡中に殺害されて、クビライ以来、大カアンの地位を継承してきた血統が断絶してしまったからだ。

中国の王朝が元から明へと変転していく事態を、チベット人たちは、はるか西方の高原から注意深く見守っていた。明の覇権が確立された時点で、明がチベットに対して、どのような態度をとってくるか、それは誰にもわからなかった。

しかし、チベットにすれば、じつに幸せなことに、明はチベットに対して、征服のための軍勢を進めたり、軍事力を背景に政治に介入しようとしたりはしなかった。それどころか、元の時代にチベットに君臨していたパクモドゥ派の政権をそのまま承認し、灌頂大師の称号を送って、友好的な関係を提示してきた。

このいきさつを見て、他の実力者たちも競って、元から授けられていた官印《かんいん》を返上し、その代わりに明から新たな辞令を受けて、既得権を守る方策を選んだ。おまけに、明はチベットから徴税しようともしなかった。これは、チベットにすれば、望外の好条件であった。

さらに、明の第三代皇帝として有名な成祖《せいそ》永楽帝《えいらくてい》（在位一四〇二〜二四）の時代になると、パクモドゥ派の最高権威者に「灌頂国師闡化王《せんかおう》」の称号をあたえたのをはじめ、各地の有力教団の長に「護教王《ごきょうおう》」や「輔教王《ほきょうおう》」などの称号をあたえた。そして、その既得権を保護するとともに、勢力の均衡をおおむね現状のままで維持する政策を実施した。

とはいっても、明は、パクモドゥ派よりもサキャ派よりも、カルマ派を優遇した。指導者の黒帽ラマは、パクパがクビライから拝領した称号に匹敵する「大宝法王《だいほうほうおう》」の称号を下賜され、「如来《にょらい》」という称号まであたえられて、「カルマ・テシンシェクパ（カルマ派の如来）」とよばれるようになる。

その理由は、永楽帝が、実の甥に当たる第二代皇帝から、実力によって帝位を簒奪《さんだつ》したとき、カルマ派は他の教団に先んじて駆けつけ、慶賀の意を表したゆえらしい。永楽帝の行為は明らかに違法で、彼自身も後ろめたさを感じていた分、カルマ派の対応がよほど嬉しかったとみえる。この点は、足利義満《あしかがよしみつ》が永楽帝の即位早々、慶賀の使者を派遣したために、特別な優遇措置を得られた事実とよく似ている。

いきさつはともあれ、明の政策は、チベットの既成勢力にとって、これ以上ないため、不満が出ることはほとんどなかった。明にすれば、モンゴル対策で手一杯の状況下において、チベットでよけいな波風が立つのを恐れていたのかもしれない。こうして、チベットは、元から明への権力交替を、うまく乗りきることに成功した。

そして、明の皇帝に朝貢すると、その褒美として、贈り物としてたずさえていった金品や物品はまったく比較にならない質と量の下賜品が得られることを知ったチベット人たちは、持ち前のしたたかさを発揮し、必要な回数を超えて入朝することを繰り返した。その度を超えたしたたかさ、というよりもずうずうしさに、明の政権もあきれ返り、その回数を制限したにもかかわらず、チベット人たちは全く懲りるようすもなく、なにかと理屈をこねては、粗悪な品物をかかえ、喜々として、幾度も明に旅立っていった。

実は、明にしても、この政策は得るところが大きかった。異民族王朝の元の支配を終わらせ、いわゆる中華意識に燃える歴代の皇帝たちは、なによりも権威を重視する傾向が強かった。したがって、チベットに好条件を示し、彼らが明の権威を重んじて朝貢してくれさえすれば、多少は出費がかさんだところで、十分に割に合うと踏んでいたのだろう。

同じ路線に沿って、明は、政治化した教団の長とは別に、純粋に仏教の真髄を追求する教団の指導者を、つぎつぎに都に招いて、「法王」の称号を授けた。こういう措置を講じることで、精神文化を尊重する中華の帝王という印象を、チベット人たちの心に刻み込もうとしたとおもわれる。

このように、先に述べた「華夷秩序」が、元と明では、その方向性において、百八十度逆転した。しかし、結果としては、チベットには以前と同じく、プラスに働いたということになる。

巨人ツォンカパとゲルク派

ちょうどこの時期にあらわれて、すでに述べたプトゥンの考え方を継承し、さらなる展開を実現したのがツォンカパ（一三五七～一四一九）である。ツォンカパは、プトゥンから数えれば、弟子の弟子、つまり孫弟子にあたり、チベット仏教史上、最大の天才にして、一〇〇〇年に一人の逸材といわれている。

その経歴を見ると、三歳でカルマ派の僧侶から優婆塞戒《うばそくかい》（在俗信者のための戒律）を受け、八歳でカダム派の僧侶から沙弥戒《しゃみかい》（見習い僧のための戒律）を受け、一七歳でディグン派の僧院長から同派に伝承されていた秘法を授けられ、次にサキャ派のレンダワ（一三四九～一四一二）を師として修学に励んでいる。

また、ツォンカパは終始、パクモドゥ派とも親しい関係にあった。それを証明するかのように、晩年、彼を開祖とする宗派（ゲルク派）の総本山として、ガンデン大僧院が建立されたとき、その施主のなかにはパクモドゥ派の重鎮がいた。ようするに、ニンマ派をのぞき、すべてのチベット仏教を学び、それらを統合する方向へ向かっていったのである。

彼は、プトゥンがそうであったように、後伝期のチベットにインドから最新の仏教を伝えたアティーシャを最高の師と仰ぎ、当然ながら、顕教と密教の統合を意図し、かつ実行した。ツォンカパの登場は、仏教の歴史全体にとって、画期的な出来事であった。なぜならば、彼の登場によって、チベット仏教が最高の水準に到達しただけでは終わらず、八世紀のインドからこのかた、常に問題となってきた顕教と密教の関係、戒律と性的ヨーガの関係などの難問が、きわめて高い水準で解決を見たからだ。

これらの点をとらえて、ツォンカパによる一連の活動を、チベット仏教における「宗教改革」とよぶ専門家もいる。しかし、「宗教改革」とはいっても、鎌倉時代の日本で、仏教を民衆に広めた「鎌倉仏教」と同一の次元でとらえることは、まったくの的外れである。その理由は、ツォンカパによる「宗教改革」は、あくまで宗教のプロにほかならない出家僧侶のみを、対象にしていたからだ。

当時の出家僧侶のなかには、性的ヨーガは悟りのための最高の方途と理屈をこねて、その実はおのれの欲望を満たすために、女性たちを相手に快楽にふける者も少なからずいたらしい。あるいは、性的ヨーガの実践方法を秘法の伝授と称して、権力者に法外な交換条件で売りつける者すらもいた。このように、さまざまな領域で、快楽や権力や金品に執着し、ともすれば堕落しがちであった彼らを、戒律をはじめ、正しい仏教の道に導くための行動こそ、ツォンカパによる宗教改革の目的であった。

図13　ガンデン寺

図14　ツォンカパ像（ガンデン寺）

ただし、それは民衆にまで対象を広げたものではなく、あくまで僧籍の者を対象とするものであった。その意味からすると、ツォンカパによる宗教改革は、むしろ明恵《みようえ》や叡尊《えいそん》などによる鎌倉期の戒律復興運動に近かった。

また、ツォンカパは、顕教と密教の統合をはかったとはいっても、悟りをえて解脱するには、密教のほうが圧倒的に優れているとみなしていた。その証拠に、ツォンカパは、みずからの修行と学問に関する体験を回想した自伝詩『トジェ・ドゥレマ』に、「密教が顕教よりもはるかに優れているということは、太陽や月のようにあまねく知られている」と断言している。

その密教のなかでも、ツォンカパが最高位に置いたのは、無上ヨーガ系タントラに属す『秘密集会《ひみつしゆうえ》タントラ』を典拠として開発された「聖者流《しようじやりゆう》」の修行法であった。彼の構築した体系においては、『秘密集会タントラ』が頂点に位置し、ありとあらゆる仏教の思想や修行法は、このタントラによって完全に包含される構造になっている。

「聖者流」は、ナーガルジュナ（龍樹）とアーリヤデーヴァ（聖提婆《しようだいば》〈聖天《しようでん》〉）という名の、九〜一〇世紀ごろに活動したインド密教僧が開発したと伝えられる修行法で、生きながら死を体験する修行、すなわち「死の修行」とも評される密教究極の修行法である。

なお、いうまでもないが、「聖者流」を開発したと伝えられるナーガルジュナとアーリヤデーヴァは、中観派の大学匠《がくしょう》として、二〜三世紀に活躍した同名の人物とは、別の人物である。ただ、かなり変容したとはいえ、中観派の考え方を受け継いでいたことは確かで、それゆえ同じ名を名乗ったのであろう。

ツォンカパの著作は、その旺盛《おうせい》な宗教的エネルギーを反映して、膨大な数にのぼる。わけても、顕教を論じた『菩提道次第広論（ラムリム・チェンモ）』と、密教を論じた『大真言道次第論（ガクリム・チェンモ）』は、全仏教史における最重要の作品といわれる。また、ツォンカパは、これまでチベットに伝承されてきた密教の修行法を網羅し、絶えていたものは復活させるという重要な仕事も成し遂げている。

具体的な例をあげると、カギュ派のもっとも重要な修行法にほかならない「ナーローの六法」に、親交のあったパクモドゥ派の法王ミワン・ターパ・ギャルツェン（一三八五〜一四三二）から懇願され、詳しい註釈を添えて、後世のために書きしるしている。

この種の修行法は、ガンデン・カギュの名のもとに、ツァン（中央チベット西部）におけるゲルク派の大拠点として建立されたタシルンポ寺で、今日に至るまで、継承されてきている。なお、ガンデンは、本来は弥勒仏《みろくぶつ》が主宰する兜率天《とそってん》を意味するが、ツォンカパが最晩年に居住した寺の名がガンデン寺という事実からわかるとおり、ゲルク派というニュアンスも含まれている。そこで、ゲルク派のなかのカギュ派という意味合いで、ガンデン・カギュという言葉が使われてきたのである。

ツォンカパが晩年に至って開いた宗派は、ゲルク（徳行）派とも、あるいは儀礼の際にかぶる帽子の色が黄色であるところから、黄帽《こうぼう》派とも呼ばれる。ゲルク派はすべての仏教宗派の中で、もっとも厳しい戒律をもち、むろん生涯にわたって独身を貫く。

そういうゲルク派の気風は、従来の宗派がともすれば戒律を無視し堕落しかねない傾向にあったのに対し、すこぶる清新で、多くのチベット人の支持を受けた。ゲルク派はその拡大の過程で、アティーシャの衣鉢《いはつ》を継ぐカダム派をも吸収し、モンゴルへの布教にも成功をおさめて、チベット仏教最大の宗派に成長していく。

しかし、それは同時に、頂点に達したチベット仏教が下り坂へと向かうターニングポイントでもあった。

ツォンカパの没後、その教えは、彼が育成したあまたの優秀な弟子たちによって継承されていった。しかし、ツォンカパはあまりに偉大であった。ツォンカパの直弟子であり、その衣鉢を継いだギャルツァプ・ダルマリンチェン（一三六四～一四三二）やケートゥプ・ゲレクパルサンポ（一三八五～一四三八）、あるいはシェーラプ・センゲ（?～一四四五）は、傑出した人材ではあったが、ツォンカパの宗教的到達点を一身で受けとめ、さらに発展させるまでの実力はなかった。

また、代をかさねるにつれ、人物が小粒になる傾向も否めなかった。弟子伝をひもといてみても、ツォンカパの孫弟子までくらいは、たとえば最難関の修行とされる「幻身《げんしん》（虹の身体）」を成就して、「不死の金剛《こんごう》三兄弟」と称えられたトゥプチェン・チェドルジェ、センルンパ・パルドルジェ、カムパ・ドルジェパルというような人物もいたが、やがて、そういった人物もあらわれなくなっていった。

ペンコルチューデ仏塔

以上のとおり、チベット仏教は一四世紀から一五世紀の初頭に、発展の頂点を迎えた。その後、一六世紀に入ると、モンゴルやオイラトなどの遊牧民を信者として獲得し、その強大な軍事力を動員することで、政治の領域では、中国の歴代王朝に対抗できるほどの実力を示すようになる。しかしその反面、チベット仏教は、宗教思想の領域において新たな展開は見られなくなり、むしろ停滞していく。

このように、チベット仏教が、宗教思想の領域において頂点をきわめた一五世紀の初頭。政治の領域において実力を高めていく一六世紀。そのあいだに挟まれた一五世紀の前半から後半にかけての時期に、チベット仏教美術は最高の次元に到達した。

その代表例が、ツァン（中央チベット西部）ではギャンツェのペンコルチューデ仏塔、ウィ（中央チベット東部）ではコンカルのコンカルドルジェデン・イダム堂である。この二つの作例に、半世紀ほど先行するツァンのシャル寺絵画群をくわえれば、チベット仏教美術の概要はほぼ把握できる。

重要な事実は、チベット仏教では、宗派を問わず、密教が優位とされてきた点である。美術の領域においても、密教の優位性はきわだつ。仏教は、開祖のブッダ以来、最高真理は言葉では表現できないという鉄則がある。しかし、密教は、最高真理も、神秘的な体験を介して直接体得でき、シンボルを駆使するならば、表現することもできるとみなす。密教がどのタイプの仏教にも増して、美術表現に熱心だった理由は、ここに求められる。むろん、チベット密教もその例に漏れないどころか、むしろ最高の典型例にほかならない。

そのなかでも、ペンコルチューデ仏塔はチベット仏教美術にとって、至宝中の至宝といっていい。この仏塔がある寺は特定の宗派に所属するのではなく、ゲルク派、サキャ派、シャル派（プトゥン派）の計三派を中心とする総合仏教研究センター的な意味をもつ僧院であった。最も重要な仏塔は、一四二七年もしくは一四三九年に造立が開始された。

塔そのものは、各辺に突出部をもつ三六角形の基底・一階・二階・三階・四階からなる計五層の基壇のうえに、五階に相当する円筒状の覆鉢があり、そのうえに六階に相当する方形の平頭がのり、さらに七階と八階に相当する円錐状の相輪があって、相輪の上には開放されたテラス状の九階があり、最上部には宝瓶が置かれている。基底

図15　ギャンツェのペンコルチューデ（寺）

図16　ペンコルチューデ仏塔

部は、東西が約五三メートル、南北が約五二メートルで、やや東西に長く、地面から宝瓶までの高さは約四二メートルある。

各階の各辺には、多数の門と龕室がもうけられている。七五を数える龕室には、仏・菩薩・諸尊の図像と彫像ならびにマンダラが、プトゥンが大成したタントラの四分法に沿って、あるいは描かれ、あるいは彫りだされている。その数は、伝承では一〇万体というが、実際には彫像が二五〇、大小さまざまな図像が二万ほどである。

チベット密教に惑溺する皇帝たち

これまで述べたきたとおり、明は、チベットに対して、よけいな介入はしないことを基本方針としていた。明がチベットに期待したのは、明の皇帝ならびに帝国の権威に対して、チベットが絶対的な尊崇の念をもつことだけであり、軍事や経済の領域で実質的ななにかをともなう必要性はほとんど感じていなかった。

それは裏返せば、明は、チベットから宗教的な影響を受けず、したがってチベット仏教の宗教的な権威によって明の皇帝を飾り立ててもらう必要はないという意味でもあった。この点は、大カアン（皇帝）とチベット仏教の筆頭僧侶のあいだに、「施主と説法師」もしくは「施主と帰依処（霊的指導者）」などとよばれる特殊な関係をむすんだ元とは、まるで異なる対応であった。また、元の宮廷は、チベット仏教の密教部門、とくに性にまつわる秘法の伝授に異常なまでの関心を示したと伝えられるが、明の宮廷は当初、そういう傾向をしめさなかった。

ところが、明の後期になると、チベット仏教の密教部門に尋常ならざる関心を示す皇帝が出てくる。第六代の英宗正統帝《えいそうせいとうてい》（在位一四三五〜四九）から第一一代の武宗正《ぶそうせい》徳帝《とくてい》（在位一五〇五〜二一）までの皇帝たちは、性的ヨーガの実践におよんだと史書は語る。

とりわけ、武宗正徳帝の行状は、常軌を逸していたと伝えられる。佐藤長『中世チベット史研究』（同朋舎）所収の「明の武宗の「活佛」迎請について」・「明廷におけるラマ教崇拝について」によれば、武宗は、チベット仏教、ことにその密教部門に入れ込むあまり、宮廷の内部にチベット仏教の寺院を建立し、チベット僧の服を身にまとって、悦に入っていた。そして、われこそは、一五〇五年に入滅したカルマ黒帽派の第七世ラマの転生活仏チュータク・ギャンツォ（一四五四〜一五〇五）の化身と称し、大慶法王リンチェン・ペンデンと名乗った。そして、後宮に「豹房《ひょうぼう》」とよばれる、外観はイスラム風で内部はチベット寺院という特別な建物をつくらせ、そこで全国から強制的に召し出してきた大勢の美女たちを相手に、性的ヨーガの実践に日夜ふけったという。

当然、政務は放置される。膨大な金が蕩尽《とうじん》される。皇帝の乱行をいいことに、側近たちは賄賂《わいろ》をむさぼる。大赤字になった歳費をまかなうために、民衆に重税を課す。負担に耐えきれなくなった民衆が、反乱を起こす……。かくして、天下は大いに乱れ、明滅亡の遠因となった。

それでも、武宗のチベット仏教の密教部門に対する熱狂ぶりは衰えない。ついには、カルマ黒帽派の本山に、五〇〇人にもおよぶ大規模な勅使《ちょくし》団をつかわした。さらに、チュータク・ギャンツォのあとを継いだ第八世のミキュー・ドルジェ（一五〇七〜五四）に、「汝の超能力を発揮して、はるかチベットから即刻、明の都に上京せよ」と命じた。こうなると、もはや常軌を逸したというしかない。

数あるチベット仏教の教団のなかでも、神秘的な密教行法を駆使する点では他に抜きん出るカルマ黒帽派ですら、武宗の命令にはたじろいだらしい。上京して、武宗の周辺に渦巻く醜聞の嵐に巻き込まれる事態をおそれ、命令にしたがわなかった。とはいえそうなると、常軌を逸した皇帝が、腹いせに、なにをしでかすかわかったものではなかったが、幸か不幸か、武宗はまもなく三一歳の若さで、念願の後嗣《こうし》も得られないまま急死し、カルマ黒帽派は、辛くも虎口《ここう》を逃れた。

ちなみに、明の歴代皇帝のうち、後嗣もなく世を去ったのは、この武宗だけしかいない。性的ヨーガの実践に熱中した皇帝が子どもをつくれなかったというのは、なんとも皮肉な話だ。考えようによっては、皇帝たる者にとって、最大の仕事もいうべき跡継ぎづくりがうまくいかないから、なんとかしようと、性的ヨーガの実践に熱中したのかもしれない。

いずれにせよ、このような武宗の行状は、中国におけるチベット仏教の評判をひどく落とした。「モンゴル族が建国した元は、異民族王朝だから仕方ないが、漢族王朝の明の皇帝まで、虜《とりこ》にしてしまうとは、なんと邪悪な宗教だろう！」というわけである。ようするに、チベット仏教＝「淫祠《いんし》邪教」、チベット人＝怪しい民族という印象を、漢族のあいだに定着させてしまったのである。その影響は、現在でも、中国の民衆のなかに少なからず残っている。

ゲルク派vs.カルマ派

最近の研究によると、一五世紀の後半、ユーラシア大陸の北部は寒冷期に入ったという（たとえば、大阪府立大学の緑地環境科学類の生態気象学研究グループによる「これまでの気候の移り変わり（第五版）」など）。とりわけモンゴル高原は、牧草が育たず、家畜が大量に死ぬなど、壊滅的な被害を受けた。飢饉《ききん》が発生したことも、報告されている。こうなると、以前にも増して、利権をめぐり種々のきびしい争奪戦が頻発するようになる。その影響は、チベットにも及ばざるをえなかった。

しかもそのチベットでも、難しい局面が展開されていた。このころ、後発のゲルク派が他の宗派を吸収しつつ、急速に発展を遂げたことに、既存の諸宗派の多くが危機感をいだきはじめたからだ。とりわけ、カルマ紅帽派、カルマ黒帽派、ディグン派などが、既得権を奪われるのではないか、と疑心に駆られ、ゲルク派に対する反発を強めていった。

くわえて仏教の伝来する前から続いてきたボン教も、インド仏教の正統な後継者を自認してチベットの固有の信仰に冷たい態度をとりがちなゲルク派の台頭に反旗をひるがえす……というぐあいに、チベットは錯綜した対立関係におおわれていく。

こうした局面の中、歴史を大きく動かす一因となったのは、当時の二大勢力、すなわちパクモドゥ派とカルマ派の動向であった。

同じカギュ派でも、これまでパクモドゥ派はゲルク派と友好な関係をたもっていた。ところが、この時期に至ると、先に指摘したように、パクモドゥ派の実権は、外戚のリンプン氏に握られていた。そのリンプン氏が、パクモドゥ派の当主が幼少であったのをいいことに、カルマ紅帽派とむすんで、ゲルク派を攻撃した。そこには、昔からあったウィとツァン、つまり中央チベットの東部と西部の対立が絡んでいた。リンプン氏の領地はツァンにあったため、パクモドゥ派やゲルク派が根拠地とするウィとは、利害が一致しなかったのだ。

さらに一四九三年、かねてリンプン氏と親しかったカルマ紅帽派第四代ラマのチュータク・イェシェー（一四五三～一五二四）が、適当な人材が得られないパクモドゥ派の窮状に乗じて、聖俗両権をたばねる総帥の地位につくという事態が起こった。二大勢力のパクモドゥ派とカルマ派が統合されたのだから、もはやその力に誰も抵抗できない。パクモドゥ派内部のゲルク派と友好的な関係をたもとうとした勢力も粛正され、ゲルク派は孤立無援の状態におちいった。

この当時、チベット仏教界にとって最大の行事は、正月にラサでもよおされる「大誓願《せいがん》祭（モンラム）」であった。これは、もともとツォンカパが一四〇八年に創始した行事であったので、ゲルク派が主宰するのが恒例となっていた。

ゲルク派にとって、モンラムは単なる宗教行事ではなかった。チベット各地から訪れる多数の巡礼者から寄進される多額の金品が、宗派の財政を支えていたのだ。在地に根を張る氏族教団と違って、ゲルク派には特定の地域から上納される金品はない。したがって、モンラムのときに得られる金品は、宗派の経営に不可欠であった。

ところが、一四九八年、ゲルク派はこの行事から締め出され、モンラムはカルマ派の主宰する行事となってしまった。大きな収入源を失って、たちまちゲルク派は財政に窮した。その逆に、カルマ派の財政はうるおった。しかし、味方が全くいなくなっていたゲルク派には、回復のすべがない。

もし、この状態が長い期間にわたって続いていたら、ゲルク派は消滅し、ツォンカパの偉大な業績もその名声も、後世に伝わらなかったかもしれない。ゲルク派にとって、このときはまさに危機的な状況であった。

ゲルク派の救世主

ところが、ゲルク派にとって幸いしたのは、チベットの権力がいつもそうであったように、このときもまた、勝ち組のパクモドゥ派のなかで、内輪もめが生じたことであった。リンプン氏が勝ちに乗じて、あまりに専横に振る舞ったため、パクモドゥ派の内部にそれに反発する勢力が台頭し、ついにはリンプン氏の力をそぐ方向に向かったので、結束してゲルク派にあたるどころではなくなったのである。

そして、もっと大きかったのは、ゲルク派の内部から、まさに救世主というべき人物が現れたことであった。その人物の名はゲンドゥン・ギャンツォ（一四七五／六～一五四二）、のちのダライ・ラマ二世である。

ゲンドゥン・ギャンツォは、僧侶としての行いはもとより、俗事にもよく通じ、カリスマ性の点でも、抜群の資質の持ち主であった。もっとも、最初は、モンラムからのゲルク派締め出しに宗派を代表して抗議したため、カルマ派からにらまれ、地方に転出せざるをえなかった。

しかし、その後、リンプン氏の力に衰えが見えはじめ、モンラムが再びゲルク派によって主宰されることになると、その経歴が高く評価され、ゲルク派の四大僧院（ガンデン・デプン・セラ・タシルンポ）の一つとして有名なデプン寺の管長に就任し、次いで同じくセラ寺の管長も兼任して、事実上、ゲルク派の最高指導者の地位についた。最終的には、ゲルク派のなかでは最高の寺格を誇るガンデン寺の管長、すなわちガンデン・ティパ（ティパとは座主という意味）に就任し、名実ともにゲルク派の頂点を極めることになる。

同じゲルク派に属しながら、中央チベットの東部と西部の覇権抗争絡みで、なにかと軋轢《あつれき》が絶えなかったシガツェのタシルンポ寺との関係を、ゲンドゥン・ギャンツォは清貧な生活と謙虚な態度に徹することで改善した。タシルンポ寺の要求は、ときには無理難題に近いこともあったが、それらを意に介することなく常に誠実に応じ、タシルンポ寺の態度を一変させることに成功したのである。モンラム祭からゲルク派を閉め出したカルマ派に対しては、関係が良好であったパクモドゥ派の統領にあたるコンマ（直訳すると皇帝）と面会し、すぐれた交渉術を駆使して、ゲルク派こそモンラム祭を主催すべきだという認定を得て、カルマ派の野望を打ち砕いた。また、ゲンドゥン・ギャンツォは教育者としても卓越していた。彼が育成した数多くの弟子たちはゲルク派の興隆に大きく貢献している。ただし、それで、反ゲルク派の勢力が消え去ったわけではない。衰えたとはいえ、まだかなりの実力をもつリンプン氏は、カルマ黒帽派の転生活仏と結託して、ゲルク派を排斥しようとさまざまな策動を繰り返していた。

そのため、一五四二年にゲンドゥン・ギャンツォがこの世を去ったとき、ゲルク派の僧侶と施主に再び危機が訪れる。そもそも、ゲルク派では、彼が就任していたガンデン寺の管長ガンデン・ティパをもって、宗派の最高指導者とみなしてきた歴史があった。ただし、ガンデン・ティパは五年から八年ほどで交替する任期制なので、カリスマ性はその地位自体にはさしてない。ゲンドゥン・ギャンツォはカリスマ性があったので、宗派を一つに結束させることができたが、余人ではとてもおぼつかない。このままでは、ゲルク派の衰退は目に見えている。

ダライ・ラマ制度の誕生

そのとき、施主たちのなかの誰かが、自分たちゲルク派も、敵対するカルマ派の継承方法をそのまま真似て、転生活仏制度を採用しようと思いついたらしい。そして、ゲルク派の転生活仏制度が誕生した。

ゲルク派の大きな期待をになって、ゲンドゥン・ギャンツォの転生霊童として選ばれたのは、ソナム・ギャンツォ（一五四三～八八）であった。のちのダライ・ラマ三世である。

驚くべきは、その出身だ。実は敵対するカルマ派の大本山として知られたツルプ寺のあるトゥールン地方の名家であった。これはどう考えても、カルマ派を混乱させ、その支持層を切り崩す陰謀めいた企みから選ばれたとしかおもえない。

しかし、こうしたいきさつにもかかわらず、ソナム・ギャンツォはゲンドゥン・ギャンツォの転生者にふさわしい人格と識見の持ち主であった。それどころか、宗教性においては、ゲンドゥン・ギャンツォを上回っていたかもしれない。温和な人柄で、会う者は皆、彼に帰依せざるをえないと言われたほどの人物であった。

そして、長らく敵対し続けてきたカルマ黒帽派の第九世ラマに選ばれたワンチョク・ドルジェ（一五五五／六〜一六〇三）も、すぐれた人物であった。二人は宗派の違いを超えた友情でむすばれ、二人がこの世にあるうちは、両宗派のあいだに危機的な対立は起こらなかった。これは、転生活仏制度のもっとも良い面が出た事例といえるであろう。

また、ソナム・ギャンツォが友好的であったのは、カルマ黒帽派だけではない。サキャ派をはじめ、あらゆる教団とも融和をめざし、精力的に活動した。紛争があれば、遠路を嫌わず調停に赴いたと伝記に記されている。

ソナム・ギャンツォは、布教の面においても、特筆すべき事跡をのこした。他に類を見ないほど、長距離を旅して、各地にゲルク派の教えを広めたのである。その名声を耳にしたモンゴルの最高実力者アルタン・ハーン（一五〇七〜八二　在位一五五一〜八二）も、ソナム・ギャンツォに、モンゴルへの布教をたびたび要請してきた。

アルタン・ハーンはチンギス・カンの血統を引き、全モンゴルに号令をかけられる地位にあった。ちなみに、モンゴルでは、チンギス・カンの血統を引く者しか最高位につけないという不文律があり、これを専門家は「チンギス統原理」と名付けている。また、この不文律にしたがわない西北方のモンゴル族は「オイラト」とよばれ、「チンギス統原理」を金科玉条とするモンゴル族とのあいだで、モンゴル高原の覇権をめぐり、熾烈な抗争を繰り返した。

アルタン・ハーンは、軍事力の点で飛び抜けていただけでない。おおむね短命なモンゴル人にしては珍しく七五歳という長命をたもったため、その治世は安定し、内政の手腕に恵まれていたこともあって、かつてのモンゴル全盛時代がよみがえったかのような活況を呈した。東は明との国境を越え、首都の北京を包囲して、明人を震え上がらせたあげく、有利な条件で明と講和をむすび、西は仇敵《きゅうてき》のオイラトを蹴散らし、さらに遠くカザフスタンまで遠征し、その名をユーラシア北部一帯にとどろかせた。

そうしたアルタン・ハーンが、モンゴルへの布教を要請してきたのだから、ゲルク派にとって、宗派の運営を安定化し、さらなる発展をはかる千載一遇の好機にちがいなかった。

一五七八年の五月、北チベットにある青海湖のほとり、チャプチャーという地で、ソナム・ギャンツォはアルタン・ハーンと会見した。結果、アルタン・ハーンはソナム・ギャンツォのひととなりにいたく感銘を受けたらしく、帰依を表明した。このことは、ゲルク派の将来にとって、決定的な出来事となった。モンゴル全土が、ほぼ例外なく、ゲルク派を支持することになったからである。

このとき、二人は互いに称号を交換し合った。アルタン・ハーンはソナム・ギャンツォに「ターレーラマ」の称号を、ソナム・ギャンツォはアルタン・ハーンに「チューキギェルポ・レーチェンポ（法王大梵天《ぼんてん》）」の称号を、それぞれあたえた。

ターレーはモンゴル語で「大海」、ラマはチベット語で「師僧」を意味し、「大海のごとく偉大な師僧」となる。

「大海」には、「仏の智恵の大海」のニュアンスが込められていたという説もある。しかし、そもそもソナム・ギャンツォの「ギャンツォ」は、チベット語で「海」の意味だから、それを踏まえたうえでの命名とみなすほうが自然であろう。

この「ターレー」という発音を、欧米人は後に訛《なま》って「ダライ」と綴《つづ》った。そのため、ターレーラマはダライ・ラマと呼ばれるようになり、現在ではもっぱらダライ・ラマで通用している。

しかし、布教の成功が、これまた他宗派の反発をまねいた点も否めない。特に、東チベットにゲルク派の勢力が伸び、もともとカルマ派の大施主であった麗江王《れいこう》がゲルク派支持に転じたことは、もともとこの地に根付いてきた同派にとって、煮え湯を飲まされたような失態であった。この種の鬱積《うっせき》は、ソナム・ギャンツォが生きているうちは、そのひととなりゆえに目立たなかったものの、死後になると、一挙に噴き出すことになる。

ちなみに、ツォンカパは転生活仏による自派の継承などはまったく論じていない。したがって、ダライ・ラマ制度は、ツォンカパの宗教思想とは異なるところから誕生したと考えるしかない。

一方、チベット仏教のモンゴル布教に対して、明は当初いい顔をしなかった。両勢力が堅く結びついて、明の脅威となる事態を警戒したからだ。

ところが、なにかというとすぐ暴力を発動する傾向の強かったモンゴルが、仏教の平和主義に感化されておとなしくなる事実に、明の為政者たちは気付いた。現に、アルタン・ハーンはソナム・ギャンツォの主張を聞き入れ、男性が死ぬと家畜や使用人、ときには妻を殺して、神々に捧げる伝統的な習慣を禁じる旨を、全モンゴルに布告した。そこで、明は政策を転換し、チベット仏教のモンゴル布教を、むしろ陰ながら、支持するようになる。まさに、虚々実々の政治的駆け引きがあったのである。

この政策は、のちに明を打倒した清《しん》にも引き継がれ、さらに徹底したチベット仏教保護政策が採用されることになる。その結果、モンゴルは、文字どおり牙を抜かれ、ユーラシアを席巻した軍事力は昔日の夢と化していった。

転生者の系譜

こうして、ゲルク派はモンゴルと強い絆をむすぶことに成功した。ただし、これが即、元のクビライとサキャ派のパクパの関係、すなわち「施主と説法師」もしくは「施主と帰依処（霊的指導者）」という関係の復活か、といえば、必ずしもそうとは言い切れない。それは、アルタン・ハーンに、かつての元の大ハーンほどの実力はなかったからである。つまり、「施主」として、「説法師／帰依処」を盛り立て、全チベットに君臨させようとしても、アルタン・ハーンは全チベットに号令し畏服《いふく》させるだけの絶対的な権限をもっていなかったため、とりあえず莫大な金品を贈ることしかできなかった。

その後まもなくして、ソナム・ギャンツォをダライ・ラマ三世、さかのぼってゲンドゥン・ギャンツォをダライ・ラマ二世、さらにさかのぼってパンチェン・ゲンドゥン・トゥプ（一三九一〜一四七四／五）をダライ・ラマ一世と定めることが決まった。

パンチェン・ゲンドゥン・トゥプがダライ・ラマ一世に選ばれた理由は、彼がゲルク派の宗祖ツォンカパの五大弟子の一人で、かつツォンカパの密教部門を継承したシェーラプセンゲの愛弟子であったゆえ、と説明されている。

ただ、この説明も十分とはとても言えない。なぜなら、ギャルツァプ・ダルマ・リンチェンやケートゥプ・ゲーレクペルサンポというツォンカパの二大弟子をさしおいて、あるいはシェーラプセンゲという密教部門の筆頭をさしおいて、パンチェン・ゲンドゥン・トゥプが選ばれた理由としては、いまひとつ説得力に欠けるからだ。

おそらく、ほんとうの理由は、なににもまして、彼がツァンにおけるゲルク派の拠点寺院となるタシルンポ寺を開創したことにあったのではないか。これまで見てきたとおり、どの宗派も、中央チベットの東西対立に、さんざん悩まされてきた歴史がある。ゲルク派の根拠地はもともと東部のウィにあり、西部のツァンにはさしたる拠点がなかった。チベットの宗教界を掌中におさめるためには、なにがなんでもウィとツァンの両方を実効支配しなければならない。そこで、ツァンの中心都市シガツェにタシルンポ寺という拠点を築くことに成功したパンチェン・ゲンドゥン・トゥプに、白羽の矢が立ったというのが真相であったとおもわれる。

後世になると、ダライ・ラマの権威をいっそう高める目的で、ダライ・ラマ一世の、さらに前世の転生者が次から次へと選び出された。チベットを最初に統一したソンツェン・ガンポ王からはじまって、吐蕃王国に最盛期をもたらしたティソン・デツェン王、アティーシャをチベットにまねいたドムトゥン……ときて、サキャ派のパクパまでもが、ダライ・ラマの前世という話になってしまった。つまり、チベットの歴史に名を残す偉人は、ことごとくダライ・ラマの系譜に連なるという「神話」が創造されていくことになる。

第六章　ダライ・ラマ政権の時代（一七世紀〜一九世紀前半）

清の建国

一六三六年、太宗《たいそう》ことホンタイジ（一五九二〜一六四三）が大清国皇帝の位につき、ここに清が建国された。一六四四年には、前王朝の明が滅亡し、清は名実ともに中国を支配する王朝となる。

清を建国した民族はジェシェンといい、漢字では「女真」と表記する。また、マンジュとも自称した。マンジュは文殊《もんじゅ》菩薩の「文殊」に由来し、彼らがもともと居住していた現在の中国東北部のことを「満洲」と呼んだのも、マンジュという民族名がもとになっている。

ひじょうに活動的な民族で、北宋《ほくそう》を侵略し、南宋《なんそう》と対峙した金もまた、ジェシェンであった。その証拠に、清という国名を採用する前は「後金《こうきん》」を名乗っていた。

チベット問題を考えるうえでも、清の存在は大きい。なぜなら、現代中国は清の領土をほとんどそのまま継承しているからだ。

現在の中国の憲法の「前文」に書かれている「中華人民共和国は、全国の各民族人民が共同でつくりあげた多民族統一国家」という点と、その体制が省制施行領域ならびに自治区施行領域の二つから構成されているという点は、清の支配体制と共通している。そして、現代中国が、地域別に見ると、東から、中国東北部・中国内地・内モンゴル地域・チベット地域・新疆《しんきょう》ウイグル地域から構成されている点も、その源は清の施策にある。

そもそも、清の最高権力者は、当初は満洲族に君臨するカン（王）であったものが、次の段階では満洲族に加えてモンゴル族・チベット族・漢族に君臨する大カアンにして皇帝となり、最終的にはイスラム教徒のウイグル族まで組み入れられて、いわゆる「五族」すべてがその統治の対象となった。

チベットに焦点を絞ると、一六三二年、後金国のホンタイジ率いる軍勢の前に、モンゴルの切り札であったリンダン・ハーン（一五九二～一六三四　在位一六〇三～三四）が大敗北を喫し、ゆえに矛先を変えてこんどはチベット征服をもくろんだものの、その途上で天然痘《てんねんとう》にかかり急死してしまったことで、状況は大きく変わった。強力な指導者を失ったモンゴルは、ホンタイジを自分たちの主君と認めざるをえなくなった。リンダン・ハーンの遺児エジェイ（一六二一～四一）は、元時代から伝わってきた皇帝の玉璽《ぎょくじ》「制誥之宝《せいこうしほう》」をホンタイジに献上し、忠誠を誓ったのである。かくして、ホンタイジは、満洲族とモンゴル族の両方に君臨する専制君主となった。

この結果、これまでのチベット対モンゴルという関係は、チベット対清という関係に、取って代わられることになった。この関係は、ただ単に元時代におけるチベット対モンゴルという関係が復活したのではなかった。なぜなら、清の大カアン＝皇帝の権力は、クビライの時代を除けば不安定であったモンゴルのカアン（ハーン）とは、まったく比較にならないくらい強大であったからだ。しかも、清は、チベットに対し不介入を貫いた明と違って、チベットに直接手を伸ばし、その版図に取り込もうと、さまざまな方策を仕掛けてきた。

迫り来る危機

その前に、時間を、清の建国から五〇年ほど前にもどそう。

一五八八年、ダライ・ラマ三世ソナム・ギャンツォが、中国布教のため、北京に向かう途上で病に倒れ、遷化した。ゲルク派としては、早急に後継者を選ばなければならなかった。

このとき、ゲルク派の指導部は、歴史に残るあざとさを見せた。ダライ・ラマ三世が転生したとされる霊童に、アルタン・ハーンの孫とも甥の子どもともいわれる幼児を選び出したのである。

じつは、ゲルク派の内部にも、異民族のモンゴル人から転生霊童を選ぶことに、強い反対意見があった。しかもソナム・ギャンツォ自身の遺志も、敵対していたディグン派の当主の三男をダライ・ラマ四世に選ぶことで、先んじてその兄を転生霊童に選んでいたカルマ紅帽派、およびディグン派とゲルク派のあいだで、融和をはかることにあったといわれる。

ところが、カルマ派憎しで凝《こ》りかたまったゲルク派内部の勢力が強硬に反対したため、その遺志は実現しなかった。なにがなんでもカルマ派を打ちのめしたいと念願していた勢力にとって、強大な軍事力と経済力をもつモンゴルと強い絆でむすばれることこそ、最優先の事項であったからだ。

このように、せっかくダライ・ラマが、広い視野から検討を重ね、融和的な政策を提案しても、ゲルク派内部の強硬派によって葬り去られ、結果的にチベットにとってマイナスの影響しかのこらないような事態が起こった。そして、同様のことは、こののちもしばしば見られる。

政治的な理由からダライ・ラマ四世となったユンテン・ギャンツォ（一五八九～一六一六）であったが、さいわい、案に相違して、ひじょうに温和な性格で、ダライ・ラマの名に恥じない人格の持ち主であった。彼はモンゴルの軍事力によって、カルマ

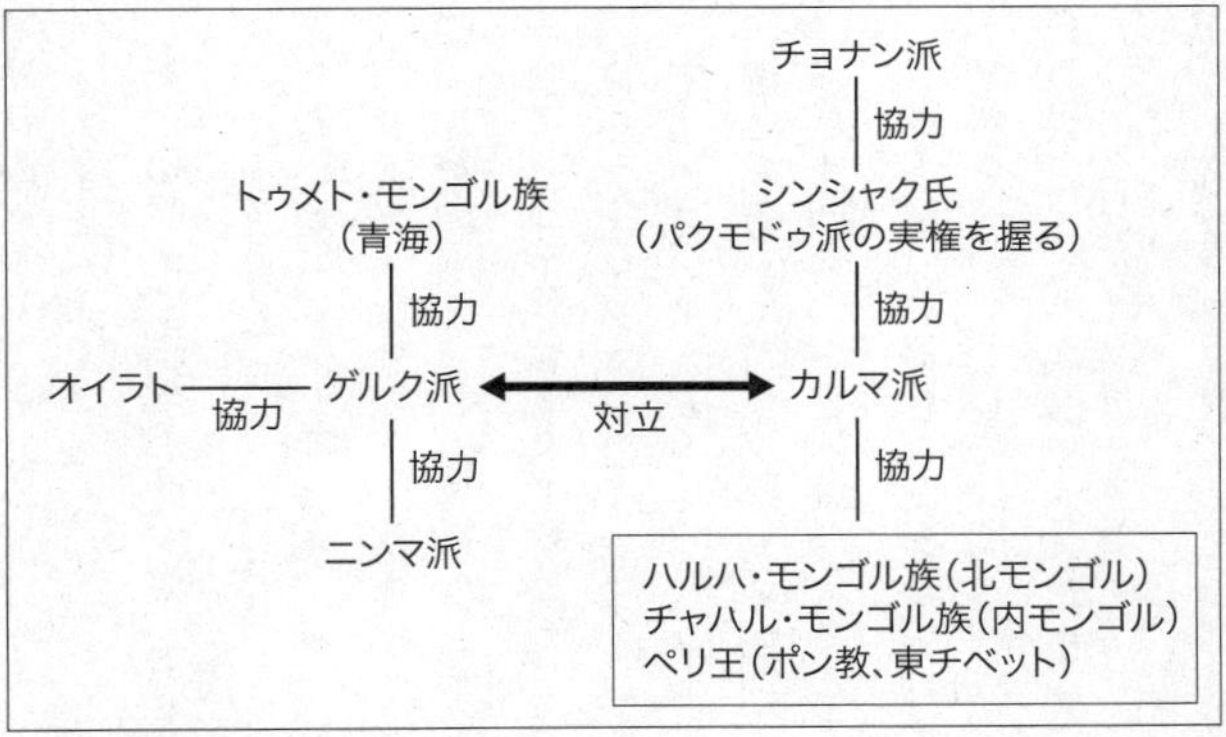

図17　民族・宗派相関図

派を徹底的に叩くどころか、前任者のソナム・ギャンツォの遺志を継ぐかのように、カルマ派と和解する道を模索したのである。

だが、ユンテン・ギャンツォが融和をめざしていくら尽力しても、そのたびごとに、ゲルク派内部の反カルマ派勢力にさまたげられて、その素志を貫けないでいた。彼らの頑迷《がんめい》さと思い上がりは、筆舌に尽くしがたく、組織の維持と利権のみを目的として、ひたすら俗事に奔走する狂信的な集団と化していた。

シンシャク氏政権

そうするうちに、事態はますます悪化の一途をたどっていった。強硬派は友好関係にあったパクモドゥ派に依頼して軍勢を動員させ、ラサ一帯を支配下に置いた。この不法行為に対し、カルマ派は、ツァンの実質的な王であったシンシャク氏のカルマ・プンツォク・ナムギェル（?～一六二一）に、軍勢を率いてウィに侵攻するよう要請した。ついに、両勢力は、暴力をもって、対決することとなった。

先に述べたとおり、もともとシンシャク氏は、ウィ（中央チベット東部）を根拠地としていたパクモドゥ派が、ツァン（中央チベット西部）を統治するために派遣した代官リンプン氏の臣下である。リンプン氏がパクモドゥ派当主家が衰えたのに乗じてその実権を握り、やがてそのリンプン氏も衰えて、臣下であったシンシャク氏が実権を握り、ツァンに君臨していた。

カルマ・プンツォク・ナムギェルの父は、カルマ紅帽ラマ四世から、「カルマ・テンスン・ワンポ（カルマ守教王）」の称号をあたえられたくらい、カルマ派の熱心な支持者であった。カルマ・プンツォク・ナムギェルも、父と同じく、カルマ派を支持し、その要請にこたえて、ウィに出陣してきたのである。

ただし、この政権は、カルマ派の狂信的な支持者ではなかった。政教一致の政権ばかりのチベットとしては例外的に、ほぼ完全な世俗政権であり、この時期、チベット仏教界きっての名僧であったチョナン派のターラナータ（一五七五～？）などの指導も受け、民衆を慈《いつく》しんで、ツァンに善政をしいていた。その功績は、ゲルク派の一部からも高く評価されていたほどである。

チョナン派は、パクパの弟子であったユモ・ミキュー・ドルジェ（一二四三〜一三一三）を開祖とする宗派で、中央チベット西部のチョモナンというところに僧院をかまえたので、この名が付いた。大乗仏教の基本理念というべき「空」の理解に関して独特の教義をもち、のちにこの点がゲルク派による弾圧の口実にされた。

そして、これまたチベットとしては例外的に、シンシャク政権は護教心よりも愛国心を優先させることができる政権であった。カルマ・プンツォク・ナムギェルが、カルマ派の要請にこたえて、ウィに出兵してきたのも、ただ単にカルマ派を支援するためだけではなく、カルマ派を支援するかたちで国内世論を統一し、チベットに国外の勢力が介入してくるのを防ぐためであったともいう。

戦いはカルマ・プンツォク・ナムギェル側の勝利に終わった。しかし、彼はつねに冷静で、公正かつ自制心に満ちた人物だったようである。ゲルク派にも相応の敬意をあらわし、妥協の道を模索して、徹底的な撃滅は避ける措置をとった。

ところが、ゲルク派内部の強硬派は、その厚意を無視した。カルマ・プンツォク・ナムギェルの、ダライ・ラマ四世に謁見したいという願いを、むげに断ったのである。これは、このうえない侮辱であった。

さすがのカルマ・プンツォク・ナムギェルも激昂《げっこう》して、ラサ市内におけるゲルク派の大拠点であったセラ寺とデプン寺を猛攻撃し、あまたの僧侶を殺戮した。ダライ・

ラマ四世ユンテン・ギャンツォも、命からがら逃亡するという醜態をさらした。

この切迫した状況を受けて、ゲルク派は最終手段を選んだ。モンゴルに、チベットへ出兵して敵対者を撃滅するよう、使者を送ったのである。これは、国内の問題に国外の勢力を介入させるという最悪の選択にほかならず、明時代を通じてたもってきた独立の道を、みずから放棄する行為でもあった。

そして、一六一六年、ゲルク派内部が混乱を極めるなかで、ダライ・ラマ四世ユンテン・ギャンツォは、わずか二八歳の若さで遷化した。毒殺と伝えられる。いったい誰が犯人であったのか、被疑者が多すぎて、いまもって明らかではない。彼の実家は、祖父のアルタン・ハーン没後、徐々にモンゴルにおける統制力を失い、このころになるとすっかり零落して、ゲルク派の期待をかなえられなくなっていたから、すでに用済みということであったのかもしれない。

五世誕生

ダライ・ラマ四世が遷化してしまったゲルク派は、なにをおいても、その転生者を探し出す必要があった。

その結果、翌年の一六一七年、中央チベットにあるヤルルン渓谷のチンヴァタクツェーで、転生霊童が発見された。そこは、かつて吐蕃王国が根拠地としたところで、霊童も在地の名家に生まれた子であった。その名はガワン・ロサン・ギャンツォ（一六一七〜八二）。優秀な人材揃いの歴代ダライ・ラマのなかでも、特に傑出した能力をもち、後世、「偉大な五世」と称されることになる人物である。

この霊童が生まれた家には、サンギェー・ギャンツォ（一六五三〜一七〇五）という名の、まだ年若い僧侶が住みこんで、子どもの家庭教師をはじめ、いろいろな仕事を任されていた。この人物こそ、やがてダライ・ラマ五世の摂政《せっしょう》となり、中国史上、もっともすぐれた皇帝とも評される清の康熙帝《こうきてい》を相手に、丁々発止とわたり合い辣腕《らつわん》をふるうことになる偉材であった。

じつは、カルマ派でも、このガワン・ロサン・ギャンツォという子どもを、自分たちの宗派の転生霊童に選ぼうと画策していたらしい。実家が名家であったことに加え、ごく小さいころから聡明さが際立っていたのだろう。ところが、ゲルク派が機先を制して、掌中におさめてしまった。

霊童の生まれた家はニンマ派に属していた。ゲルク派では、ニンマ派を軽く見る傾向が強かった。「ゲルク派のラマは百人いても教えは一つだが、ニンマ派のラマは百人いれば教えも百ある」などと言い、いまでも、ゲルク派の僧侶が「それはニンマだ」という表現を使うとき、「それはデタラメだ」というニュアンスを含んでいる。

にもかかわらず、ニンマ派の家系からあえて転生霊童を選んだ理由は、民衆のあいだに絶大な人気のあるニンマ派を、どちらかといえば民衆とは縁の薄いゲルク派が、取り込もうとたくらんだためといわれる。カルマ派との激烈な抗争を勝ち抜くためには、手段を選んでいる余裕など、ゲルク派の指導部にはもはやなかった。

なぜなら、同じ年、カルマ・プンツォク・ナムギェルの率いるツァン軍が再びラサを襲撃し、多くのゲルク派の僧侶を虐殺し、一六二〇年までウィを占領しつづけたからである。

一難去ってまた一難

ゲルク派の場合、転生霊童はまずデプン寺に入る必要があった。ところが、敵対者による占領下でそれができない。まだ幼い転生霊童は、安住の地を見出せずに、お付きの者たちと、各地を転々とせざるをえなかった。

だがこの危機は、一六二〇年、モンゴル軍団がゲルク派の救援に駆けつけたことで、解消したようである。転生霊童も、やっとデプン寺に入ることができた。しかし、ゲルク派をとりまく情勢はあいかわらず一触即発の状況にあり、気を許すどころではない。しかも、このころになると、カルマ派も、ゲルク派を真似て、モンゴル布教を開始し、ゲルク派をしのぐ成果を上げつつあった。

一六二一年、カルマ・プンツォク・ナムギェルが天然痘にかかって、急死を遂げた。

その父の後を継いだカルマ・テンキョン・ワンポ（カルマ護教王）も、父に劣らず、すぐれた資質の持ち主であったようである。

同年、ゲルク派の救援要請にこたえて出兵してきたトゥメト（青海地方のモンゴル族）の大軍と、カルマ・テンキョン・ワンポの率いるツァン軍が、ラサで対峙した。このときは、戦いの火ぶたが切られる直前に、両者に尊敬されていたゲルク派の高僧ロサン・チューキ・ギェルツェン（一五六七～一六六二）が調停に入り、妥協案が成立して、カルマ・テンキョン・ワンポがゲルク派の既得権益を認めるという条件で、トゥメト軍は撤退した。なお、ロサン・チューキ・ギェルツェンは、のちにゲルク派転生活仏第二位のパンチェン・ラマ一世に認定されることになる。

明時代も末期に近い一六二〇年代の後半になると、ハルハ（北モンゴル）やチャハル（内モンゴル）のモンゴル人はカルマ派の支持者となり、ゲルク派を支持するトゥメトのモンゴル人を軍事的にも圧倒しはじめた。とりわけ、カルマ派の熱烈な支持者であったチャハルのリンダン・ハーンの実力は、他のモンゴル人をはるかに凌駕《りようが》し、ゲルク派はその脅威におびえなければならない日々となった。

リンダン・ハーンは、そのころ日の出の勢いであった後金（清）のホンタイジを打倒しようと出兵したものの、かえって大敗北を喫し、ならばとばかりに矛先を変えて、チベット征服をもくろんで青海へ出兵してきた。ところが、その途上で天然痘にかかり、一六三四年に死去。ゲルク派は危うく難を逃れたかに見えたが、一難去ってまた一難。今度は、リンダン・ハーン亡き後の権力の空白を狙って台頭したハルハのチョクト・ハーン（？〜一六三七）が、カルマ派を支持する立場から、ゲルク派の討滅をめざして、子息のアルサラン（？〜一六三五）に一万の軍勢を率い、チベットに向かうよう命令を下した。

ところが、アルサランはチベットに着くと、父の命令に反して、味方のはずのツァン軍を攻撃し、敵のはずのダライ・ラマ五世に謁見を申し込んで、敬意をあらわすという行動をとった。その裏には、ゲルク派の秘密工作があったものと推測されている。そもそも、こうした事態が生じた背景には、モンゴル軍の内部事情があった。まず、軍勢はさまざまな部族から構成された混成部隊で、統率がとれていなかった。また、ハーン自身は宗教心から行動していたのかもしれないが、配下たちにとって、宗教は二の次の問題であった。

荒漠たる北方の大草原から遠征してきた彼らを、宗教よりも魅了したのは、チベットの物質文明であった。首都ラサでは、生まれてこのかた、一度も目にしたことのなかった絢爛《けんらん》豪華な大寺院に参拝し、大きな市場でさまざまな品々を手に取った。結局、あちこち物見遊山《ものみゆさん》したついでに、土産《みやげ》として、金品まで得られれば、それに越したことはないと考えていたふしが多分にある。おそらく、ゲルク派は、アルサランを、多額の金品をもって買収したのであろう。

約束が違うことに怒ったカルマ派は、チョクト・ハーンに使者を送って、違約を責めた。チョクト・ハーンはアルサランの謀殺をカルマ派に許し、まもなくアルサランは側近とともに殺害され、その軍勢も解体された。ゲルク派は、またもや虎口を逃れた。

ゲルク派の大逆転勝利

以上のように、モンゴル帝国が安泰とはとてもいえない様相を見せるようになったころ、その西では、「チンギス統原理」にしたがわないモンゴル系遊牧民、すなわちオイラトが実力を着々と蓄えつつあった。特に、西オイラトの分家筋にあたるホシュート部はジューンガルと呼ばれ、チベットの西北方に、規律正しい政権を樹立していた。

オイラトは、チベットとのあいだに歴史的な関係はなかった。これまでチベットと深い絆をむすべたのは、チンギス・カンの高貴な血を引く人物を指導者にいただくモンゴル帝国に限られていたからである。

ところが、チンギス・カンの血筋は、リンダン・ハーンの遺児エジェイが後金に降伏したことで、少なくとも名目上は断絶してしまっていた。そうなると、ゲルク派としては、代わりになる存在を見出さなければならない。そのとき、彼らが注目したのが、オイラトの最高指導者グシ・ハーン（在位一六四二〜五四）であった。

グシ・ハーン自身も、一六三五年、秘かにラサを巡礼として訪れたとき、ダライ・ラマ五世の謦咳《けいがい》に接し、いたく感銘を受けたらしい。したがって、ゲルク派からの要請がなくても、みずからの意志で、救援におもむく心づもりであったといわれる。

もともと、遊牧民の世界では、最高指導者の見解は即、構成員全員の見解である。当時のオイラトは、なにかにつけ統率を失いがちであったモンゴル帝国と違って、規律正しかったので、グシ・ハーンの命令は、すぐさま実行される態勢にあった。しかも、グシ・ハーンの勇猛果敢なことは、広く知れわたっていた。

救援の要請を受けたグシ・ハーンは、精鋭を率いてラサに至り、ゲルク派から大歓迎を受けた。一六三七年には、配下のバートル・フンタイジに一万の精鋭を率いさせて、チョクト・ハーンの三万もの大軍に決戦を挑ませ、激戦の末に勝利すると、戦死したチョクト・ハーンに代わって、青海アムド地方の覇王となった。

事態が一転して、不利に進んでいることを察知したカルマ・テンキョン・ワンポは、カム（東チベット）のペリ王トゥンユー・ドルジェとのあいだに同盟関係をむすび、ゲルク派を東西から挟み撃ちにしようと試みた。ペリ王はポン教の信奉者で、仏教徒を迫害することで知られていたが、こうなっては、そんなことにかまっていられなかった。

ペリ王も、このままでは、グシ・ハーンが仏教徒を救済するという大義名分のもと、カムに侵攻してくるにちがいない、そうなれば、おのれの地位が危うくなるのは必定と考え、宗教上の対立をひとまず棚に上げて、カルマ・テンキョン・ワンポと結託したのである。

しかし、ゲルク派の打った手のほうが早かった。すぐさまグシ・ハーンに、ペリ王を追討するよう要請したのである。一六四〇年、グシ・ハーンはカムに侵攻し、ペリ王を捕らえて処刑した。

これで、反ゲルク派の大半は消滅し、残るはカルマ・テンキョン・ワンポのみとなった。勢いに乗るグシ・ハーンは、カムから中央チベットへとって返すと、カルマ・テンキョン・ワンポを討ち滅ぼすべく、ツァンに兵を進めた。

ダライ・ラマ五世は、事態のあまりに早い進行に危惧《きぐ》をいだき、和平をめざして調停に入ろうとした。しかし、ゲルク派内部の強硬派は、ダライ・ラマの意向を無視。グシ・ハーンに、カルマ・テンキョン・ワンポの追討を要請した。

ついに、一六四一年の正月、籠城《ろうじょう》していたシガツェのサムドゥプツェ城が陥落し、捕らえられたカルマ・テンキョン・ワンポとその徒党は、良心的な僧侶たちによる助命嘆願も空しく、処刑された。ここに、ゲルク派によるチベット統一が完成したのである。数々の危機を乗り越え、苦難の末に、ようやく達成した統一であった。

もし世俗政権が成立していれば

カルマ・テンキョン・ワンポの死によるシンシャク氏政権の滅亡は、多くのチベット人にとって、予想外の事態であったかもしれない。彼をとりまく状況が、少しでも異なっていれば、結果もまた、異なったものになっていた可能性も否めないからだ。

この時期、カルマ派の内部では、異常な状況が展開していた。まず、黒帽派第一〇世ラマのチューイン・ドルジェ（一六〇四〜七四）が、政治的には完全に無能で、戦いを極度に嫌うあまり、カルマ・テンキョン・ワンポの立場をまったく理解しようとはしなかった。禁欲的な生活に憧れ、動物たちと会話し、絵を描き、下級僧と同じ労働にいそしむことこそ、おのれの本分と信じていたのである。密教行者としては理想的であったかもしれないが、大宗派の指導者としては明らかに失格であった。

それでも、補佐役を果たすべき紅帽派がしっかりしていれば、まだ救われたかもしれない。ところが、よりによって、こんな肝心なときに、紅帽派も、転生活仏が空位の状態であった。法王と副法王を立てて、いかなる事態に遭遇しても、権力の空白が生じないはずの組織が、このときに限って、まったく機能しなかったのだ。となれば、宗派の結束に隙が生じても、致し方なかった。

カルマ派の政治部門がこれまでどおり機能していたのであれば、同派の実力から推して、戦いはもっと激しいものになったにちがいない。事実、紅帽派の軍事部門は、敗北をそう簡単には受け入れなかった。徹底抗戦を叫んで執拗に抵抗し、最後の拠点が落城して、立て籠《こ》もっていた者が全滅するまで、凄惨《せいさん》な戦いが続けられた。

いずれにせよ、カルマ・テンキョン・ワンポが滅亡したことで、チベットに世俗政権が樹立される可能性は無に帰した。九世紀に吐蕃王国が滅亡して以来、チベットに世俗政権が樹立される可能性が少しでもあったのは、このときくらいしか見当たらない。

もし、このときチベットに全国を統治する世俗政権が樹立されていれば、その後のチベット史は大きく変わったことだろう。とりわけ、外国からの介入を防ぎ、独立を維持するという点で、プラスの方向に働いたとおもわれる。

ダライ・ラマ政権の確立

チベット全土を掌握したグシ・ハーンは、青海アムド地方をみずからの直轄地としたうえで、中央チベットをすべてダライ・ラマ五世に献上した。すなわち、中央チベットに限定的ながら、ここに、ダライ・ラマ政権が成立したのである。いっぽう、グシ・ハーンは直轄地にチベット王国を建国したが、こちらのほうは、グシ・ハーンの没後、いつのまにか有名無実と化してしまう。

グシ・ハーンとダライ・ラマ五世の関係は、かつてのクビライ・カアンとパクパの「施主と説法師」もしくは「施主と帰依処（霊的指導者）」に匹敵するものであった。ただし、ダライ・ラマ五世の立場は、パクパよりもずっと強かった。なぜなら、パクパは、ほとんどの場合、大都の宮廷に詰めていなければならず、いわば人質のような面があったのに比べ、ダライ・ラマ五世はつねに自分の居城にいて、おもうがままに振る舞えたからだ。

ダライ・ラマ五世には、施主のグシ・ハーンよりも、強い力を行使できる可能性があった。やがて、ダライ・ラマ五世は、この力を駆使して、施主にあたる人物を、自在にあやつるようになっていく。

政権をとるとまず、ダライ・ラマ五世とその側近たちは、仇敵カルマ派が所有していた寺領の多くを没収し、その勢力を削ぎとる政策を実行した。黒帽派第一〇世ラマのチューイン・ドルジェも、身の危険を感じ、貧しい乞食の僧侶に身をやつして、チベットの辺境地帯を転々とせざるをえなくなる。最晩年になってようやく五世と和解し、本拠のツルプ寺に帰ることができたとはいえ、その生涯は苦難に満ちていた。

そのほか、あまり仲の良くなかったディグン派、サキャ派などにも、おおむねは同じ方策でのぞんだが、彼らを徹底的に叩き潰すことはしなかった。これ以上の混乱がつづくことを恐れたゆえか、ダライ・ラマに臣従することを条件に、彼らの既得権の多くはそのまま追認されたのである。

ニンマ派とポン教は、ほとんど影響を受けなかった。彼らはまとまった組織をもたず、政治的な力をもっていなかったからである。特に、ニンマ派は、ダライ・ラマ五世の実家がニンマ派ということもあって、かえって優遇されるようになったくらいであった。

そのなかで唯一の例外が、チョナン派であった。この宗派だけは解体され、名僧ターラナータを擁した宗派はこの世から消え去った。その理由には、宗教哲学上の見解の相違もないではない。しかし、それよりも、ターラナータがシンシャク氏を指導して、ツァンに善政を実現させ、結果的にゲルク派に対抗する力を蓄えさせたことに対する、いわば報復であった可能性のほうが高い。

また、ダライ・ラマ政権が成立してから、チベット仏教界全般で、自由な意見交換や討論をしにくくなったという指摘がある。ゲルク派の内部でも、転生活仏制度が採用されて以来、転生活仏は過ちを犯さないという、ローマ・カトリック教会の「教皇《きょうこう》不可謬説」によく似た発想が力を得たために、ツォンカパの時代にみられた自由な意見交換や討論ができなくなり、レヴェルが低下の一途をたどっていた。

まして、ダライ・ラマ政権ともなれば、ダライ・ラマそのひとが、宗教的な最高権威と世俗的な最高権威を兼ねてしまうのだから、いっそう批判しにくくなるのは、理の当然であろう。こうした理由から、チベット仏教は、ツォンカパが在世していた一五世紀の前半に頂点に達し、その後は、まことに残念ながら、あらゆる面において、衰退していったとみなさざるをえない。

夢よ、もう一度

一六四五年、ダライ・ラマ五世は、ラサの西の郊外にそびえるマルポリ（紅山《こうざん》）という丘のうえに、宮殿の造営を命じた。マルポリは、吐蕃王国の英雄、ソンツェン・ガンポ王が王宮をかまえていたと伝えられる場所である。このことから、五世は、「かつて世界の三分の二を支配した」とチベット人が回顧する吐蕃王国の復活を夢見ていたという指摘がある。たしかに、五世の実家が、吐蕃王国発祥の地ヤルルンという事実と考え合わせると、一笑に付せないものがある。

三年後に、現在「白宮《はくきゅう》」とよばれている基層の部分が竣工すると、五世は、それまで居住していたデプン寺のガンデン・ポタン（ガンデン宮）から、御座所《ござしょ》を移動した。「ガンデン」とは、弥勒仏が主宰するとされる浄土、すなわち「兜率天」のこと。ゲルク派では、宗祖のツォンカパ以来、弥勒仏をあつくあがめてきたので、この名を、重要な宗教施設につける伝統があった。たとえば、ツォンカパが最晩年に建立した大本山をガンデン寺と名付けたように、である。

しかし、新しい居城は「ポタラ宮」と名付けられた。「ポタラ」とは、観音菩薩《かんのんぼさつ》が経営する浄土の「ポータラカ」に由来する。「ポータラカ」は、漢字で書くと「補陀《ふだ》落《らく》」。日本の中世から近世にかけての時期、熊野《くまの》や土佐《とさ》から、小さな舟に乗って、観音浄土をめざしたという「補陀落渡海《とかい》」の、補陀落である。

では、いったいなぜ、ガンデン宮からポタラ宮へ、ダライ・ラマの居城の名称が変更されたのか。その理由は、ソンツェン・ガンポ王は観音菩薩の化身という伝承があったためらしい。つまり、ダライ・ラマ五世はソンツェン・ガンポ王の再来というイメージを演出するために、その居城もまた、観音菩薩に由来するポタラ宮に変える必要があったのだ。

五世にまつわる演出は、まだほかにもあった。インド仏教が最後に生みだした経典として名高い『カーラチャクラ・タントラ（時輪タントラ）』には、世界最終戦争に勝利して、世界中の仏教徒を救う「シャンバラ王」の物語が描かれている。その「シャンバラ王」を、ダライ・ラマと重ね合わせようとしたのである。

そもそも、チベットを実力で統一したうえで、デプン寺からポタラ宮へ居を移すとで、五世の立場は、それまでのゲルク派を宗教的な次元で指導する転生活仏から、チベット全土を政教両面において支配する「ギャルワ・リンポチェ（転生活仏国王）」

へと、大きく変わっていた。したがって、「シャンバラ王」と重ね合わせても、理論的な破綻はきたさなかった。

くわえて、『カーラチャクラ・タントラ』は、ダライ・ラマ政権にとって、別の面でも大きな意味をもっていた。その理由は、この経典にもとづく灌頂《かんじょう》にある。灌頂は、その人が密教徒になるために欠かせない入門儀礼で、キリスト教の洗礼と同じく、本来は頭頂から聖水をそそいでいたので、この名が付いている。

密教は、秘密仏教の意味だから、その入門儀礼の灌頂も、通常は、ラマ（師僧）から弟子へ、一対一の秘匿されたかたちでしか実施されない。ところが、『カーラチャクラ・タントラ』にもとづく灌頂だけは、例外的に、在家の信徒でも受けられる規定になっていた。

この点を、ダライ・ラマ五世は、自分を民衆にアピールするために、目一杯利用した。民衆にしても、ふだんは絶対といっていいほど会えないダライ・ラマの姿を拝めるのだから、これほどありがたいことはない。こうして、両者の思惑が一致し、以後、歴代ダライ・ラマは『カーラチャクラ・タントラ』にもとづく灌頂をたびたび実施することになった。現在のダライ・ラマ一四世も、かなり頻繁に実施している。

おのれの政策の仕上げとして、五世は、ツァンの中心都市シガツェにあったゲルク派の大本山タシルンポ寺の最高指導者として、転生活仏のかたちで、パンチェン・ラマ一世ロサン・チューキ・ギェルツェン（一五六七～一六六二）を任命した。いうまでもなく、ツァンをぬかりなく統治するためである。

これまで見たきたとおり、中央チベット東部（ウィ）と西部（ツァン）の対立と抗争は、チベット史の宿痾《しゅくあ》というしかない。ダライ・ラマ政権の樹立にいたる道程も、煎《せん》じ詰めれば、ウィとツァンの地域紛争にほかならなかった。だから、ウィを根拠地とするダライ・ラマ政権としては、なにがなんでも、ツァンの統治を完全なものとする必要があった。

その切り札が、パンチェン・ラマであったといっていい。パンチェン・ラマは、チベット語で「偉大な学者のラマ」を意味する。その名が示すとおり、ダライ・ラマが政教両面をになうのに対し、パンチェン・ラマは政治の領域にはかかわらず、もっぱら宗教的な領域だけをになうことになっていた。

この役割分担は、カルマ派の黒帽ラマと紅帽ラマの役割分担に、一見したところは似ている。しかし、カルマ派では、法王の黒帽ラマは主として宗教的な領域、副法王の紅帽ラマは政治的な領域という役割分担になっていたので、ダライ・ラマ政権が採用した役割分担は、ちょうど逆になる。早い話が、ダライ・ラマ政権では、第一位のダライ・ラマにすべての権限が集中し、第二位のパンチェン・ラマにはほとんど権限がなかった。これも、ツァンを統治する者に、力をもたせたくなかった政権の思惑によるものであった。

ところが、今回も、ウィの期待はもののみごとに裏切られることになる。ツァンに、赴任したパンチェン・ラマは、彼の前任者たちがことごとくそうなったように、しばらくするとツァンに心を寄せ、ことあるごとに、ウィに逆らいつづけるようになったからだ。

なお、パンチェン・ラマは、ロサン・チューキ・ギェルツェンが実際の一世だが、のちに権威を高めるために「追贈」、すなわち過去にさかのぼって、ツォンカパの直弟子のケートゥプ・ジェ（一三八五～一四三八）をはじめ、偉大な学僧三人にパンチェン・ラマの称号を送ったために、数え方に、追贈をふくめる場合と、ふくめない場合の、二種類がある。たとえば、実際の一世にあたるロサン・チューキ・ギェルツェンは、追贈をふくめた場合には、四世になる。

順治帝とダライ・ラマ五世

この間、清は北京から事態の推移を慎重に見守っていたらしい。そしてようやく先の見通しが立ったのか、一六四八年になると、ダライ・ラマ五世に、北京に来るよう要請してきた。

しかし、五世はなかなか動かなかった。清という新しい王朝が、チベットに対して、どういう態度に出るのか。かつての元のように、施主と帰依処という関係を求めるのか。明のように、原則的に不介入という政策をとるのか。それとも、清に対する臣従を求めるのか。よくよく見極めようとしていたようだ。

しかし、清の再三にわたる要請はさすがに断り切れず、ついに一六五二年も終わろうとするころ、五世は北京を訪れた。グシ・ハーンが、世祖《せいそ》順治帝《じゅんちてい》（一六三八～六一　在位一六四三～六一）と会見すべきだと勧めたゆえともいう。このとき、ダライ・ラマ五世は精気充実した三六歳、いっぽうの順治帝はまだ一五歳の少年にすぎなかった。

順治帝がダライ・ラマ五世を北京にまねいた理由は、いくつかあった。まず第一に、漢族ならぬ満洲族が築き上げた帝国の皇帝という立場から、元のクビライを手本に、漢族の「華夷秩序」に対抗できる唯一無二の価値体系として、チベット仏教を尊重する必要があった。第二に、モンゴル族のほとんどがチベット仏教徒という現実を考えれば、チベット仏教を尊重しておいて、得することはあっても損することはないという判断だ。満洲族もチベット仏教をあがめていたから、チベット仏教を介して、満洲族とモンゴル族をさらに強くむすびつけることもできる。

そして、もう一つ、順治帝には個人的に、どうしてもチベット仏教を尊重すべき特別な理由があったらしい。その由来は、七四年前の一五七八年に、当時、モンゴルの最高実力者であったアルタン・ハーンが、のちにダライ・ラマ三世となるソナム・ギャンツォと会見し、ダライ・ラマの称号を授与したときにさかのぼる。このとき、ソナム・ギャンツォは、八〇年以内に、アルタン・ハーンの血を引く者がモンゴルと中国本土を統一し、大モンゴル帝国を再興する、そう予言したというのである。

じつは、順治帝の母親はモンゴル貴族の出身で、遠いとはいえ、チンギス・カンの血を引いていた。母方の血統をとおしてなので、父方の血統を重視する「チンギス統原理」に、厳密な意味で適合しているわけではないが、それでも、順治帝がチンギス・カンの血を引いていることにまちがいはない。しかも、今まさに、自分はモンゴルと中国本土を統一しようとしている。となれば、順治帝がソナム・ギャンツォの予言になみなみならぬ関心を寄せたとしても、不思議ではない。

ちなみに、一五世紀の中央アジアに、チンギス・カンの世界帝国を再興しようと、大帝国（ティムール朝）を建国したティムール（一三三六〜一四〇五　在位一三七〇〜一四〇五）の場合、家系的にはさしたることはなく、若いころは盗賊をなりわいとしていたと伝えられる。そこで、立身出世したのちは、妻にむかえた女性の血統がチンギス・カンにつながっている点を強調し、神聖なる血統をもつ家系の「婿」という立場で、モンゴル系の遊牧民に君臨し、その軍事力を動員して、大帝国を築き上げた。

盗賊出身のティムールに比べれば、順治帝のほうが、出自の点で遥かに上になる。自分こそ、チンギス・カンのあとを継いで、ユーラシアに大帝国をきずきあげる英雄になる資格がある。そのためにも、チベット仏教界を支配する人物とぜひ会っておきたい。こういう期待を秘めて、順治帝はダライ・ラマ五世と会見したのかもしれない。

玉虫色の決着

ただし、清の政権内部に問題が生じた。順治帝がダライ・ラマ五世を北京の城外でじきじきに出迎えたいと希望したとき、賛否が分かれたのである。伝統的な「華夷秩序」を墨守《ぼくしゅ》しようとする漢族出身の官僚たちは、それでは皇帝の権威に傷が付くと猛反対した。一方、チベット仏教をあがめる満洲族出身の官僚たちは、諸手を挙げて賛同した。

そもそも、順治帝がダライ・ラマ五世を、どのようなかたちで出迎えるか、という件が大きな問題になった原因は、チベット側が、順治帝に、城外まで出迎えることを求めてきたからであった。その裏には、ダライ・ラマがのこのこと北京を訪れて皇帝と会見すれば、チベットはせっかく独立を維持していたのに、清に臣従することになったとみなされるのではないか、という危惧があった。そうみなされないためには、清の皇帝がダライ・ラマにしかるべき礼を示す必要がある、というのがチベット側の主張であった。

結局、順治帝は、三者の顔が立つような出迎え方をした。公式発表では、狩りに行く途中で、偶然に北京の城外で、ダライ・ラマ一行に出会ったということにしたのだ。

会見の席でも、虚々実々の駆け引きが展開された。会見のときに坐る席が、通常のように、皇帝が上座で、ダライ・ラマ五世が下座というのではなく、両者が左右に並んで坐った。しかし、ほんの少しだけ、皇帝のほうが高かった。茶を飲む順番を互いに譲り合って、いつまでも決着が付かなかったので、同時に飲んだ……。第三者の目から見れば、いかにも滑稽《こっけい》で、失笑を買いかねない対応だが、当事者にすれば、国家の威信がかかっているので、真剣そのものだったにちがいない。

このとき、順治帝は、ダライ・ラマ五世に「西天大善自在仏・所領天下釈教普通瓦赤喇怛喇達頼喇嘛」という、ひじょうに長ったらしい称号を授けた。なお、最後の四文字は「ダライラマ」と発音する。

この称号は、クビライがパクパに授けた称号に匹敵する。ダライ・ラマ側としては、「チュ・ユン」、すなわち「施主と説法師」もしくは「施主と帰依処（霊的指導者）」という関係が、大清帝国の皇帝とダライ・ラマとのあいだにむすばれたと大喜びしたことだろう。

もっとも、パクパとダライ・ラマ五世では、その地位に決定的な違いがあった。パクパは世界中の仏教徒をすべて総攬する地位をあたえられていたのに対し、ダライ・ラマ五世が総攬できるのはチベット族とモンゴル族と満洲族の仏教徒に限られ、中国本土の漢族の仏教徒は、その対象に入っていなかったのである。

その理由として考えられるのは、ダライ・ラマにあまりに大きな権限をあたえることに、清の政権が危惧を抱いたこと。かつての元と明の宮廷の乱れから、漢族のあいだにチベット仏教に対する抜きがたい嫌悪感や不信感がはぐくまれていて、それを清の政権としても、見過ごせなかったことなどがある。

また、会見したときに坐った席が皇帝より、たとえわずかでも低かったことなどから、ダライ・ラマ五世は順治帝に臣従した、ひいてはチベットが清の一部であることを認めた、と清の政権が解釈した可能性は高い。現代の研究者のなかにも、そう受け取る説がある。

じつは、最近の研究によると、清の政権とダライ・ラマ政権のあいだで取り交わされた外交文書は、以上の点について、いわゆる玉虫色の文言でつづられていたという。漢文とチベット文では、微妙に表現が違っていて、どちらも自分たちにとって都合の良い解釈が可能なようになっていたらしい。

このこと自体は、外交文書ではよく見られる手といっていい。しかし、ことチベットと中国の関係をめぐっては、この玉虫色の決着は、後日に大きな禍根を残した。チベットは中国の不可分の領土なのか否か、というまことに厄介な問題に、複数の解答を用意することになったからである。

以上の問題さえ抜きにすれば、この会見は、両者にとって、おおむね成功に終わったといっていい。特に、チベット側が得たものは少なくなかった。順治帝は、ダライ・ラマ五世を迎えることを前提として、紫禁城《しきんじょう》の内城部分にあった寺院をことごとくゲルク派に改宗させたり、あらかじめ北京に新しいチベット仏教の寺院を建立したりと、チベット仏教、わけてもゲルク派を盛り立てるために、いろいろな方策を講じていたためだ。

したがって、このままいけば、チベットとしては万々歳であったのだが、そううまくはいかなかった。ダライ・ラマ五世と良好な関係をきずいた順治帝は、一〇年もしないうちに、まだ二四歳の若さでこの世を去ってしまったのである。

康熙帝vs.ダライ・ラマ五世

ダライ・ラマ政権の大恩人というべきグシ・ハーンも、一六五四年に死去した。そのあとは二人の息子が継いだが、モンゴル系遊牧民に特有の均等分割の原理に沿って、領土は二分されたうえ、息子たちは偉大な父ほどの器量の持ち主ではなかったため、チベットに対する影響力はいちじるしく減少した。

いまや、ダライ・ラマ五世は誰からもまったく制約を受けることなく、思うがままに自由に振る舞える立場を確保した。五世は、中国の皇帝さながらに外国からの使節

図18　ダライ・ラマ５世時代の最大勢力図

を迎え、あたかも帝王のごとく彼らに接することを望んだ。事実、ベンガルのイスラム教徒を支配する王やネパール各地の王たちが、使節をラサに派遣してきた。西ネパールの二人の王は、自身がわざわざ出向いてきた。また、長年、中央チベットに反旗をひるがえしてきたラダックにも遠征隊を送り、条件付きながら、服属させることに成功した。

それは、古代の吐蕃王国が復活したかのようであった。少なくとも、ダライ・ラマ五世とその側近たちは、そう自負していたにちがいない。五世は得意の絶頂にいた。ここまでは、「偉大な五世」と呼ばれるにふさわしい業績といってよかった。

ただし、吐蕃王国とは決定的な違いもあった。自前の強大な軍事力を持っていなかった点だ。やがてこの点が、ダライ・ラマ政権の運命に、暗い影を落とすことになっていく。

一六六一年、清では代替わりがあり、順治帝のあとを継承して、聖祖康熙帝《せいそ》（一六五四〜一七二二　在位一六六一〜一七二二）が即位した。元のクビライとならんで、中国史上、もっとも聡明かつ大度量の皇帝である。

康熙帝は紫禁城で誕生し、文字どおり生まれながらの皇帝であった。その生まれにふさわしく、大清帝国の基礎を確立し、なおいっそうの発展をめざして、ありとあらゆる分野で辣腕をふるった。この四〇歳近くも年少の孫のような皇帝を相手に、晩年のダライ・ラマ五世は鍛え上げてきた政治的手腕をあらんかぎり駆使して、チベットの繁栄のために戦いつづけた。

一六七三年、清で「三藩《さんぱん》の乱」が勃発する。呉《ご》三桂《さんけい》（一六一二〜七八）を筆頭とする、明から清へ帰順した将軍たちが起こした大反乱である。反乱は長期におよび、清は建国以来、最大の危機におそわれた。

このとき、康熙帝はダライ・ラマ五世に、反乱鎮圧への協力を求めた。ところが、五世は言を左右にして、なかなか応じようとせず、どっちつかずの日和見を決め込んだ。一説には、両者が戦いに倦《う》み疲れたころをみはからって、調停に乗り出し、みずからの権威をさらに高め、チベットに利益をもたらそうと考えていたという。

また、三藩の乱が勃発する以前から、禁制をやぶって、実は呉三桂とひそかに交易していた。チベットから戦いに欠かせない軍馬を輸出する代わりに、チベット人のビタミン摂取に欠かせない茶を雲南方面から輸入し、莫大な利益を上げていたのである。そうした関係から、乱が勃発すると、何食わぬ顔で呉三桂を支援していたともいわれる。

どのみち、五世にすれば、中国本土にモンゴル族まで服属させた強力な政権が出現することは百害あって一利ない。清にそう簡単に勝利をおさめてもらっては困る、というのが本心であったにちがいない。

しかし、案に相違して、清は独力で三藩の乱を鎮圧してしまった。ダライ・ラマ五世はあてがはずれた。と同時に、康熙帝の不信感を買うという最悪の結果をまねいた。康熙帝をまだまだ嘴《くちばし》の黄色い若造と甘く見て、これなら手玉に取れるとふみ、得意の権謀術数に走りすぎたのかもしれない。

こうして清との関係が冷え込み、五世はその圧力をひしひしと感じるようになった。しかし、五世は懲りない。なんとか劣勢をはね返そうと、新たな協力者を求めて、またもや権謀術数の道を歩むことになる。

五世が目をつけたのが、オイラトのガルダン・ボショクト・ハーン（一六四四～九七　在位一六七一～九七）である。ガルダンの母親は、ゲルク派最大の危機を救ってくれたグシ・ハーンの娘であったので、血統的には申し分なかった。

ガルダンは、ジューンガルに生まれた。ジューンガルは「左翼」を意味する。モンゴル系の遊牧民のあいだでは、南に向かったとき、右側になるか左側になるかで、右翼・左翼と分ける伝統があり、ジューンガルの場合は、オイラト全体から見て、左側に位置することから、この名が付けられた。よく知られた地名でいえば、天山北路《てんざんほくろ》の一帯に相当し、とくにその北西のイリ渓谷を根拠地としていた。

ガルダンの父バートル・フンタイジは、グシ・ハーンが、オイラト軍を率いて、ゲルク派の危機を救うためにチベット遠征したとき同行した族長の一人で、一代の英雄というべき人物であった。また、軍事力で覇権をにぎったばかりではなく、『オイラト法典』を編纂《へんさん》したり、カルムイク文字を完成させたりと、文化面でもジューンガルの興隆に大いに寄与した。カルムイク文字は、モンゴル文字をもとに創出された文字で、トド文字ともいう。

バートル・フンタイジのあとは嫡子のセンゲが継いだが、一六七〇年に異母兄二人に私怨により謀殺されたことから、同母弟のガルダンが歴史の表舞台に躍り出ることとなる。

ガルダン自身は、幼少のみぎり、オイラトの地にチベット仏教をひろめたウェンサ活仏の転生霊童にえらばれ、ラサでダライ・ラマ五世から直接、指導を受けていた。実兄が殺害されたことを知ると、ゲルク派の影響力が衰えることを危惧する五世の指示もあって、すぐさまジューンガルの地に帰還。たちまち仇を討つと、還俗《げんぞく》してジューンガルの首長となった。

ガルダンは天性、軍事指導者として傑出した能力をもち、またたくまに東トルキスタンから外モンゴルの西部におよぶ広大な地域を、支配下に置き、後世の歴史家が「最後の遊牧帝国」と呼ぶほどの、強盛を誇っていた。

ジューンガルの強さの秘密は、ロシア製の鉄砲を大量に装備していた点にあったらしい。その資金は、新たに領土に加えた東トルキスタンのイスラム教徒に課した重税をあてた。さらに、大砲まで装備し、スウェーデン人の軍事顧問までいたという説がある。つまり、ガルダンはかなり近代的な軍隊をひきいて、いまだに伝統的な騎馬弓兵が主体の敵を、文字どおり粉砕していったのである。

ダライ・ラマ五世は愛弟子の成功をひじょうに喜び、ガルダンにテンジン・ボショクト・ハーン（持教受命大王）の称号を授けて、ゲルク派の保護者に任命した。晩年を迎えていた五世の目に、ガルダン・ハーンはグシ・ハーンの再来、いやそれ以上の存在に映ったのかもしれない。ガルダン・ハーンさえいてくれれば、いよいよ強くなるばかりの清からの圧力をはねのけ、チベットの独立を維持するどころか、さらなる拡大を実現することもあながち夢ではない、と五世が考えたとしても、不思議ではない。

しかし、ガルダン・ハーンはやりすぎたようだ。その行動は康熙帝をいたく刺激した。満洲族と漢族にとどまらず、モンゴル族の皇帝をも自任する康熙帝とすれば、モンゴルの非正統派にすぎないオイラトに属するガルダン・ハーンが、身のほど知らずに東方に進出し、モンゴルの中心地にまで勢力を拡大してくることは、断固として許せなかった。

かくして、康熙帝とガルダン・ハーンのあいだに、北アジアの覇権をめぐる最終戦争が勃発しようとしていた。もっとも、その若さに似ず、康熙帝は慎重であった。一挙に殲滅《せんめつ》しようとはせず、情勢を冷静に見極めながら、徐々に圧力を加えていき、ガルダン・ハーンが馬脚をあらわすのをじっと待っているかのような戦略をとった。

ガルダン・ハーンの悲劇

一六八二年、ダライ・ラマ五世がポタラ宮に遷化した。だがもし、ガルダン・ハーンがその死を知れば、いかに勇猛果敢な彼とても、心がくじけてしまうかもしれない。

そう考えた摂政のサンギェー・ギャンツォは、ダライ・ラマ五世の死を隠した。大事な瞑想に入っているという理由で来客を拒み、この後、一五年の長きにわたり五世の喪は秘され、代わって摂政が政務を独裁した。

ようするに、ダライ・ラマ政権は、世間一般のみならず、味方のガルダン・ハーンまで欺《あざむ》いたのだ。哀れなことに、何も知らないガルダン・ハーンは戦いつづけた。ハルハ（北モンゴル）の内紛に介入したガルダン・ハーンは、さらに外モンゴルに軍勢を進めた。しかし、あくまで慎重な康熙帝は、このときも戦に訴えるのではなく、ダライ・ラマ五世と提携して、調停に乗り出した。ただし、五世はすでにこの世を去り、しかもその死は伏せられていたので、サンギェー・ギャンツォは、ゲルク派の最高権威にほかならないガンデン・ティパ（ガンデン寺の管長）を、ダライ・ラマの名代として派遣し、交渉に当たらせた。

ところが、交渉は肝心の議題に入る前に決裂した。転生活仏としてハルハの宗教指導者であり、しかも反ガルダン・ハーン勢力を代表していたジェプツンダンパ一世（一六三五〜一七二三）が、ガンデン・ティパと同じ待遇を要求し、ガルダン・ハーンが拒否したからだ。ダライ・ラマ五世こそ至高至上と信じて疑わないガルダン・ハーンにすれば、その名代として派遣されてきたガンデン・ティパと同じ待遇を、格下のジェプツンダンパ一世が要求するなど、あるまじき僭越《せんえつ》な行為としか思えなかったのだろう。

ちなみに、ジェプツンダンパ一世はハルハのトゥシュート・ハーンの弟で、当初は、ダライ・ラマ五世が廃絶させたチョナン派の名僧、ターラナータの転生活仏という、まさにいわくつきの立場にあった。しかも、ゲルク派に改宗してからは、ラサにおもむき、ダライ・ラマ五世の弟子となって、修行を積んだという経歴の持ち主であった。ダライ・ラマ五世の弟子だから、ガルダン・ハーンとは兄弟弟子。互いにライヴァル意識があったとしても、おかしくない。理不尽にも潰されたチョナン派の恨みつらみ、兄弟弟子という間柄、それらが複雑に絡み合った結果という意味では、じつに人間的な物語といっていい。

交渉の決裂から二年後の一六八八年、ガルダン・ハーンは再びハルハに軍勢を送って、攻撃した。この攻撃に耐えかねたハルハとジェプツンダンパ一世は、康熙帝に救援を要請した。

ことここに至って、ついに康熙帝はガルダン・ハーンの徹底的な討滅を決断した。大軍をいくつも動かし、さまざまな方向から、ガルダン・ハーンの軍勢を追わせた。ところが、ガルダン・ハーンは、広大な北の大地を、精強な軍勢をひきいて暴れまわり、清軍はなかなか会敵できない。ようやく会敵しても、さすがにガルダン・ハーン軍は強かった。せいぜい勝ったり負けたりの繰り返しで、決定的な勝利にはほど遠かった。

破局

しかし、この間、西オイラトのジューンガルでは、ガルダン・ハーンにとって、はなはだ好ましくない事態が生じていた。しかも、その騒動の種をまいたのは、ガルダン・ハーン自身であった。以前から親密ではなかった甥のツェワン・アラブタンに、刺客を放って殺害しようとしたが、間一髪で逃げられ、今度は完全に敵にまわしてしまったのである。

ツェワン・アラブタンにすれば、ガルダン・ハーンは傍系にすぎず、祖父バートル・フンタイジの長兄センゲの遺児である自分こそ、ジューンガルの正統な支配者という意識があったと考えられる。ジューンガル研究の第一人者として知られる宮脇淳《みやわきじゅん》子《こ》氏によれば、それを察知したガルダン・ハーンが、先手を打ったものの、失敗したというのが真相らしい（『最後の遊牧帝国　ジューンガル部の興亡』講談社）。

逆襲に転じたツェワン・アラブタンは、軍勢をひきいてガルダン・ハーンの根拠地であったイリ渓谷を占拠。康熙帝に使者を送って同盟をむすび、ガルダン・ハーンに叛旗《はんき》をひるがえしたのである。

こうして、ガルダン・ハーンは東西から挟み撃ちされるという、最悪の状況に陥ってしまった。それでも、持ち前の軍事的才能と不屈の闘志で戦いつづけたが、勝利できる可能性はもはやなくなっていた。

最終的な破局は、一六九六年におとずれた。現在のウランバートルの郊外、ジョーン・モドという場所で、一万数千のガルダン・ハーン軍は追いついてきた清の大軍から攻撃され、激烈な戦闘の末に、大敗北を喫して潰走《かいそう》した。このとき、妃のアヌ・ハトンも銃を手に奮戦したが、清軍に狙撃《そげき》され、壮烈な戦死を遂げた。ガルダン・ハーン自身は、夕闇にまぎれ、からくも死地を脱したものの、もう天地のどこにも身を隠すべき場所はなくなっていた。彼はアルタイ山中をさまよった末に、翌年の四月四日に病死したと伝えられる。

ジョーン・モドの戦いがあったのと同じ年、摂政サンギェー・ギャンツォは、一四年間にわたって伏せてきたダライ・ラマ五世の死を、ポタラ宮の紅宮部分の竣工とともに公表した。果たして、ガルダン・ハーンが恩師の死を知ることができたか否か。諸般の事情から察して、まず不可能であったとおもわれるが、万が一知ったとしたら、どんな思いがその胸中を駆けめぐったことだろうか。

いっぽう、康熙帝は、ガルダン・ハーンの遺骨といわれるものを手に入れると、粉々に砕いて白日のもとにさらし、塵《ちり》となるにまかせたという。同じ行為は、三藩の乱の首謀者であった呉三桂に対してもおこなわれている。康熙帝のガルダン・ハーンに対する憎悪たるや、凄まじいものがあったというしかない。

また、康熙帝は、なにがなんでも、ガルダン・ハーンは病死ではなく、自殺したということにしたかったようだ。自然死ではなく、敗者として、みずから命を絶ったと信じたかったのだろう。これには異説もあり、還俗したとはいえ、もともと僧侶出身のガルダンの場合、自殺は戒律を犯すことになる。そこで、その神聖性を失わせるためにも、自殺ということにしたかったという。ここにも康熙帝の、自分に逆らったものは、その死後もけっして許さないという、尋常ならざる激情がうかがわれる。

ガルダン・ハーン亡き後、ジューンガルの遊牧民集団はイリ渓谷を拠点に、清とのあいだで戦争と和平を繰り返した。「最後の遊牧帝国」と称される実力は、やはり並大抵ではなかった。大清帝国の強大な軍事力をもってしても、容易に勝利をえられず、康熙帝と雍正帝《ようせいてい》を経て、乾隆帝《けんりゅうてい》の時代まで、戦いは続いた。

そして、ガルダン・ハーンの死から半世紀以上たった一七五五年、内紛により弱体化したジューンガルを、乾隆帝は大軍を派遣して徹底的にたたきのめし、ここに「最後の遊牧帝国」は滅亡した。しかし、その後も、ジューンガルの遺民たちによる抵抗は止まなかった。手を焼いた乾隆帝は、最後の手段として、ジューンガルのオイラト人を、老若男女を問わず、ことごとく虐殺するように命じた。この大虐殺はチベット史上最大の熾烈さで、動員された清軍がたまたまもちこんだ天然痘が大流行したこともあって、六〇万とも七〇万ともいわれるイリ渓谷のオイラト人は死に絶え、この地上から完全に抹殺された。

ダライ・ラマ政権を信じて、清と戦ったガルダン・ハーンとその部族の運命は、あまりに過酷であった。一民族を抹殺した清の残虐さは非難されて当然だが、ダライ・ラマ政権、とりわけダライ・ラマ五世と摂政サンギェー・ギャンツォも、自分たちの利益のために、欺いてまでも戦わせたという点で、その責任をまぬがれない。

他の地方でわずかに生き残ったオイラト人の末裔は、現在、ロシア連邦内のカルムイク共和国に居住している。カルムイク共和国は、チベット仏教を信奉する国家として知られている。国全体でも人口は約二六、七万と少ないが、その半数以上がオイラトの血を引くカルムイク人で、今も、ヨーロッパから中央アジアにかけての地域で唯一、チベット仏教を信奉している。

放蕩詩人ダライ・ラマ六世の運命

一六九六年に、ダライ・ラマ五世の死を公表したとき、摂政サンギェー・ギャンツォは、ツァンヤン・ギャンツォという少年がダライ・ラマ六世（一六八三〜一七〇六）として認定されたことも、あわせて公表した。六世の父親はニンマ派の在家密教行者で、南部チベットのムンという地域の出身であった。

このとき、六世はすでに一四歳。転生霊童は「霊童」というくらいで、三歳前後で認定されるのがふつうだから、公表は異常に遅い。逆にいえば、ダライ・ラマとしてチベットを政教両面で指導していくために必要な教育を十分に受けていたはずで、サンギェー・ギャンツォにすれば、満を持しての発表であったのだろう。

ところが、ダライ・ラマ六世は、摂政サンギェー・ギャンツォはもとより、周囲の思惑をものみごとに裏切っていく。

放蕩三昧《ほうとうざんまい》に徹し、ポタラ宮を抜け出しては、ラサ市内の娼婦《しょうふ》の館に出没し、女性を愛し、酒を愛し、詩作にふける姿は、およそダライ・ラマの名にふさわしくなかった。しかも、一七〇二年には、師のパンチェン・ラマから授けられた沙弥戒（見習い僧としての戒）を返上して、還俗してしまった。

サンギェー・ギャンツォがいくら諫《いさ》めても、六世は

徳高いラマのみもとに　教えを求め訪ねてみても
心はそこにとどまらず　愛《いと》しき人を求めて逃げる
ラマのお顔を瞑想しても　心に何も浮かんでこない
愛しき人の顔ならば　想わなくても浮かんでくるのに

とうたうばかりで、聞き耳をまったくもたない。どうも六世は、ゲルク派の禁欲的で論理的な仏教に、まったく関心をいだけなかったらしい。というより、ほんとうは転生活仏という制度そのものに疑問をいだき、あらがい続けていたのかもしれない。

そこで、仕方なく、在家密教行者のかたちで衆生の救済にあたる転生活仏の「持明《じみよう》者《しや》（リクジン）」ということにして、体裁をととのえざるをえなかった。在家密教行者であれば、出家僧の戒律に縛られる必要はなく、女性を愛そうが、酒を飲もうが、衆生救済の実さえあげられれば、それでかまわないことになっていたからだ。

しかし、六世は、自分には、在家密教行者に人々が求めたがる霊力など、全然ないと公言し、あいかわらず放蕩三昧の生活をつづけた。ところが、民衆はそんな六世を熱烈に愛し、その人気は異常なくらい高かった。

そうこうするうち、サンギェー・ギャンツォの身にも、危機が迫ってきた。ガルダン・ハーンの滅亡後、グシ・ハーンの曾孫という高貴な血筋をもって、オイラトの新たな指導者となったラサン・ハーンが、康熙帝とよしみを通じ、その支持を得て、ラサに乗りこんできたのである。目的は、かつてグシ・ハーンが、中央チベットをダライ・ラマ五世に献上する代わりに、青海アムド地方に建国したはずのチベット王国の再興であった。

ラサン・ハーンとサンギェー・ギャンツォは、もともとそりが合わず、なにかと対立していた。ラサン・ハーンは、サンギェー・ギャンツォから摂政の地位を奪って追放した。しかも、当初の約束では、サンギェー・ギャンツォは自分の所領に引退するだけで良いということになっていたが、約束は守られず、殺害されてしまった。

それを知った康熙帝は、ラサン・ハーンに使者を送って、「翊法恭順汗《よくほうきょうじゅんかん》」の称号を授け、チベット王として正式に認めた。この行為は、ラサン・ハーンが康熙帝の臣下となったということを意味するため、チベットが大清帝国の一部となったと解釈されても、反論しがたい状況が生まれた。

次いで、ラサン・ハーンは、康熙帝の了解を得て、サンギェー・ギャンツォが擁立したダライ・ラマ六世を、不適格者として廃位させ、清へ護送しようとした。だが、それを知った民衆は阻止しようと立ち上がり、ラサ市内は大混乱に陥った。六世は、自分のために民衆に危害が及ぶことを危惧して、みずから捕吏《ほり》の手に落ち、粛々として北京に向かった。

この旅の途上、「鳥よ、白い鶴よ　私に翼の力を貸しておくれ　そんなに遠くまでは行かないから　リタン（東チベットにある街）を回って帰ってくるから」という詩をラサにいる恋人に送り、ダライ・ラマ六世は、青海湖の南にあるクンガノールという小さな湖のほとりで遷化した。おそらく、暗殺されたのであろう。享年は二四歳もしくは二五歳であった。

その死を知った康熙帝は、六世の遺骸《いがい》を凌辱《りょうじょく》するように命じた。ガルダン・ハーンや呉三桂に対してなされたのと同じ行為である。そこには、聡明無比とたたえられる康熙帝の、ほんとうの顔がみえる。

清によるチベット支配

ラサン・ハーンは、ダライ・ラマ六世を廃位するに先立ち、みずから選んだ霊童を、新たな六世として、擁立しようと試みていた。しかし、チベット人の多くは認めようとはせず、その霊童の地位は宙に浮いたままになっていた。

六世が遷化した後、ラサン・ハーンは再びその霊童を新たなダライ・ラマに擁立しようと、ゲルク派の三大本山（ガンデン寺・デプン寺・セラ寺）に認定を求めたものの、拒否されてしまう。三大本山は三大本山で、六世の辞世めいた詩に出てくるリタン（現在の四川省西部）で見出された霊童のケルサン・ギャンツォ（一七〇八～一七五七）を擁立しようと試みたものの、今度はラサン・ハーンが認めようとしなかった。それどころか、彼はラサン・ハーンによって殺害される危険をおそれて、各地を転々と逃亡することになり、東北チベット西寧《せいねい》のクンブム寺にようやく安住できた。

事態の推移をうかがっていた康熙帝は、ラサン・ハーンが擁立しようとしていた霊童ではチベット人の支持をとても得られないと見切りをつけ、ケルサン・ギャンツォを新たなダライ・ラマ六世と認定した。七世ではなく、六世と認定したのは、先に遷化した六世＝ツァンヤン・ギャンツォを、康熙帝は正式なダライ・ラマとは認めていなかったからだ。

以上のなりゆきから、虎視眈々《こしたんたん》と機をうかがっていた人物がもう一人いた。かつて康熙帝と結託してガルダン・ハーンを滅亡に追い込んだ、甥のツェワン・アラブタンである。ツェワン・アラブタンはガルダンが滅亡し、ジューンガルの首長としての地位を確立すると、一転して康熙帝との縁を切り、昔日のガルダン・ハーンがそうしたように、ダライ・ラマ政権の保護者のごとく、振る舞おうとした。

そうなると、ラサにチベット国王として君臨するラサン・ハーンは邪魔になるから、手段を選ばず排除したい。ついに一七一七年、ツェワン・アラブタンは、自分の娘をラサン・ハーンの嫡子と結婚させると欺き、油断させておいて、部下の将軍にジューンガルの精鋭をひきいさせ、ラサを急襲し、ラサン・ハーンを葬り去った。

ラサの人々は、清にチベットを売り渡したラサン・ハーンから、自分たちを救ってくれた解放者として、僧俗をあげ、ジューンガル軍を歓迎した。ところが、今回やってきたジューンガル軍の実態は、ガルダン・ハーンの時代とは全く異なり、野蛮きわまりない略奪者以外の何者でもなかった。彼らはニンマ派をはじめ、ラサ市内の寺院を手当たり次第、襲っては宝物や金品を奪いとり、僧侶を虐殺した。ポタラ宮に乱入して、ダライ・ラマ五世のミイラを安置する巨大な霊塔まで暴いたという。その評判はたちまち地に落ちた。

一七二〇年、この機をとらえた康熙帝は、クンブム寺にいたダライ・ラマを護衛するかたちで、清軍を派遣した。しかし、清軍がラサに入ったとき、すでにジューンガル軍は、持てるだけのものを持って、漠北《ばくほく》の地へ去っていったあとであった。

ともあれ、ダライ・ラマはその居城のポタラ宮にようやく入ることができた。そして、ダライ・ラマ六世あらため、ダライ・ラマ七世として、人々に臨んだ。

しかし、清はダライ・ラマ七世に、かつてのダライ・ラマがもっていたような政治的な実権をあたえなかった。その代わり、俗人から選んだ四人の大臣で構成される政府をつくり、首班に、ジューンガル討伐に功績をあげたカンチェンネー（？～一七二七）という人物を宛てた。

ところが、そのカンチェンネーが他の大臣を無視して独裁への道を歩んだため、他の大臣たちによって謀殺されてしまう。その後も、権力闘争が頻発し、チベットの内情はいっこうに安定しなかった。

この危機は、西チベット出身のポラネー（一六八九～一七四七）が、ライヴァルたちを実力で打倒することで、やっと終結をむかえた。勝者のポラネーは、清から新たな政府首班に任命された。彼は政治家としてはすこぶる有能な人物で、戦乱で荒廃したチベットを復興させるために、すぐれた手腕を発揮したが、しかし、ダライ・ラマ七世の処遇に関しては、いたって冷淡であった。

一連の騒動では、ダライ・ラマ七世の父親が、カンチェンネーの謀殺に一枚嚙んだという理由で処罰され、七世自身も、その連帯責任をとらされて、ポタラ宮を追い出され、故郷の東チベットへ引退させられた。のちに許されて、ポタラ宮に帰還したものの、政治にはまったくかかわれなくなってしまう。しかも、康熙帝のあとを継いだ雍正帝は、ラサにアンバン（駐蔵大臣《ちゅうぞう》）を常駐させ、チベットの内政に干渉する方策をとった。

紅帽派の断絶

それから二十数年を経て、この方策は撤回された。理由は時の皇帝、乾隆帝（一七一一〜一七九九）が、チベットの政治は、俗人に担当させるよりも、ダライ・ラマに一任したほうが、ずっとうまくいくと見極めたからだ。

その背景には、こういういきさつがあった。実力者ポラネーの死後、そのあとを継いだ息子のギュメー・ナムギェルが、父とは逆に、ジューンガルとむすんで、清から自立する動きを見せた。すると一七五〇年、これに危惧をいだいたアンバンがギュメー・ナムギェルを殺害。これが発端となって、ラサで蜂起《ほうき》が起こり、アンバンをはじめ、当地に居住していた漢族の人々があまた殺傷される事件が起こった。だがこのとき、ダライ・ラマ七世はチベット人たちに暴力をやめるようにさとすとともに、ポタラ宮に漢族の人々をかくまい、犠牲を最小限にとどめた。この事実を知った乾隆帝が、政策を転換したのである。

こうして、ダライ・ラマ七世は、清の宗主権のもとにあるという限定条件付きではあったものの、政治的な力を回復し、かなり大幅な自治を認められた。以前と同じく、四人の大臣による合議制のかたちはとりながら、大臣たちに特定の所管はなく、最終的にはすべてダライ・ラマが決裁を下すという制度である。その裁量権は、現在チベット自治区が、中国政府から認められているものより、はるかに大きかった。

また、チベットのように、生産力に乏しい国から税を取り立てても、得るものは少ない。そう考えた乾隆帝は、朝貢を免除し、その代わり毎年正月にとりおこなわれるチベット仏教界最大の祝祭「大誓願祭（モンラム）」のときに、必ず「皇帝陛下万々歳！」と唱和するように要求した。

それは、クビライの時代に、モンゴルを統治する皇帝とチベット仏教の筆頭僧侶のあいだにきずかれた「チュ・ユン」、すなわち「施主と説法師」もしくは「施主と帰依処（霊的指導者）」などとよばれる特殊な関係の、いわば再確認でもあった。清の皇帝はモンゴルの皇帝でもあったから、この要求は正統性をもっていると乾隆帝は思ったにちがいない。

考えてみれば、ジューンガルと清の長きにわたった闘争も、いったい誰が施主となって、チベット仏教を保護するのか。いいかえれば、誰がチベット仏教の保護者という地位につくのか、という点をめぐる戦いでもあった。つまり、チベット仏教の保護者こそが、ユーラシアの遊牧民社会に君臨する真の帝王だという認識があったということである。

これで、チベットも落ち着くかとおもわれたが、またもや大事件が起こった。ダライ・ラマ八世ジャンペル・ギャンツォ（一七五八～一八〇四）の治世下のことである。紅帽ラマ一〇世のミパン・チュードゥプ・ギャンツォ（一七四二～九一／九二）がネパールに行き、王にゲルク派の専横ぶりを訴えるとともに、シガツェのタシルンポ寺に莫大な富があるので、好きにしたらいい、と扇動したのである。そこで、一七九一年、ネパール王は配下のグルカ軍を遠征させ、タシルンポ寺を襲って、あらいざらい略奪した。

ことの発端は、タシルンポ寺にあった莫大な金品の相続をめぐる兄弟喧嘩であった。長兄のパンチェン・ラマ三世（六世）ロサン・ペンデン・イェシェー（一七三八～八〇）が訪問先の北京で急死を遂げたとき、タシルンポ寺に蓄えられていた莫大な金品を、ミパン・チュードゥプ・ギャンツォは自分が相続できるものと思い込んでいた。

ところが、次兄がなんの相談もなく、自分のものにしてしまった。それで、怒り心頭に発したミパン・チュードゥプ・ギャンツォが、先に述べたような行動に出た。私利私欲により、チベットを裏切ったのである。

チベットは清の応援を得て反撃に転じた。最初はなかなかうまくいかず、清の権威が失墜するような場面もあったが、やがて清軍がネパールの首都カトマンドゥを占領。ネパール王は降伏した。事件の原因となった紅帽ラマ一〇世のミパン・チュードゥプ・ギャンツォは、絶望のあまり、悶死《もんし》したとも自死したとも伝えられる。

この件を受けて、乾隆帝は紅帽ラマを廃絶処分にした。かつて、ゲルク派と、チベット仏教界の覇権をめぐって争いつづけたカルマ派の力は、完全に失墜した。

そして、乾隆帝は、そもそもこんな出来の悪い人物が転生活仏にえらばれること自体が問題だとして、これまでの選定制度を改め、あらかじめ候補者の名前を、ジョカン（大昭寺《だいしょうじ》）に安置された黄金製の壺《つぼ》のなかに入れておき、最終的には抽選でえらぶという方法を採用した。この方法は「金瓶掣籤《きんぺいせいせん》」とよばれ、清の皇帝をえらぶ制度の儲位《ちょい》蜜建《みつけん》をほとんどそのまま流用したものである。

ことここに至り、清は転生活仏の選定にまで介入する権利をもったのである。現在、中国政府がダライ・ラマやパンチェン・ラマの選定に介入してくる根拠は、清のこの権利に由来している、と田中公明氏は指摘する。

チベット仏教に傾倒する乾隆帝

以上のような経緯を知るかぎりでは、乾隆帝はチベット仏教を完璧に自分の支配下に置き、そのうえに君臨していたとしか見えない。ところが、事態はそう単純ではなかった。じつは皇帝自身は、チベット仏教に心酔していたのである。その傾倒ぶりは、常識ではとても考えられないくらい、深かった。以下に、証拠を二つあげてみる。

まず一つ目は、現在の河北《かほく》省承徳《しょうとく》の郊外に建立された「外八廟《がいはちびょう》」である。そこは北京の北東二〇〇キロメートルほど、かつては熱河行宮とよばれ、清皇室の「避暑山荘《ひしょさんそう》」だった場所である。地政学的には、漢族の活動する農耕地帯と、遊牧民族の活動するモンゴル高原との、ちょうど接点にあたる。ちなみに、ユネスコの世界遺産（文化遺産）に登録されている。

「八廟」というが、実際には一二ある。では、なぜ「八廟」とよばれるのかというと、そのうち八つの寺院が、北京の欽定理藩院《きんていりはんいん》の管理下にあったためだ。康熙帝が建立したものをのぞくと、すべてが乾隆帝時代のもので、かかった費用は莫大であったといわれる。

いずれもチベットに実在する寺院をモデルに、よく似せて建立されている。ただし、屋根や外壁の色は、実物よりも、はるかにけばけばしく、いかにも作り物といった印象が否めない。

立地としては、「避暑山荘」を取り巻くようなかたちで建てられている。私も一度、現地を訪れたことがあるが、ゆるやかに起伏する丘陵地帯で、そこに壮麗な寺院が点在するようすは、正直いって壮観というよりも、異国風というか、違和感があるというか、どう見ても「中国的」ではなかった。

中心となる寺院は次のとおり。上が寺名、下がモデルになった寺院の名称を示している。

普寧寺《ふねいじ》　サムイェー寺（チベット最初の官立寺院）
普陀宗乗之廟《ふだそうじようのびよう》　ポタラ宮（ダライ・ラマの居城）
須弥福寿之廟《しゆみふくじゆのびよう》　タシルンポ寺（パンチェン・ラマの居城）

このなかで、ポタラ宮をモデルにする普陀宗乗之廟は、実物があまりにも大きいので、さすがにそっくりそのままとはいかず、ミニチュア版になっている。また、普寧寺の境内にある大乗之閣に安置されている千手千眼観音菩薩《せんじゆせんげん》は、高さ二二メートル以上、重量は一一〇トンで、世界最大高にして世界最重量の木製彫像といわれる。

私がもっとも興味を引かれるのは、普楽寺《ふらくじ》である。この寺院の中核に位置する旭光《きようこう》閣《かく》には、本尊《ほんぞん》として、ほぼ等身大のヤブユム（父母仏《ふぼぶつ》）像がまつられている。ヤブユムとは、方便《ほうべん》（実践）を象徴する男尊と般若《はんにゃ》（智恵）を象徴する女尊とが性交するすがたで、大乗仏教の基本理念である実践と智恵の合一を表現する。いうまでもなく、チベット仏教が至高至上の仏教と評価する、無上ヨーガタントラ系密教に特有の存在である。

ちなみに、この旭光閣の東には、高さ三八メートルを超える「磬錘峰《けいすいほう》」とよばれる、男性器そっくりの巨大な岩が屹立《きつりつ》し、そのそばには女性器そっくりの巨岩まである。ヤブユムの尊像をまつるのに、これほどの聖地は他に見出しがたい、と乾隆帝は思ったのであろう。

二つ目の証拠は、現実の政治的かつ宗教的な領域で、もっとも意義深い行為がなされた事例である。それは、パンチェン・ラマの居城タシルンポ寺をモデルに建立された須弥福寿之廟において、実現した。ときは乾隆四五年（一七八〇）の夏。乾隆帝は、須弥福寿之廟に、パンチェン・ラマ三世（六世）ロサン・ペンデン・イェシェーを迎えた。先に、紅帽派の断絶を述べた項に登場した人物だ。

乾隆帝はパンチェン・ラマ三世を須弥福寿之廟に迎えるにあたり、前もってチベット語を学習したのをはじめ、さまざまな準備をおこなった。その一つが須弥福寿之廟の建立だったのである。

このとき、乾隆帝がパンチェン・ラマ三世に対してあたえた待遇は、驚くべき内容であった。皇帝がふだん使っている輿《こし》を用意し、出御《しゅつぎょ》に際して流される音楽も皇帝とまったく同じもの、座席の高さも同じ、着座も茶を喫するタイミングもまったく同時。もちろん、パンチェン・ラマ三世は乾隆帝に対し跪礼《きれい》や叩頭《こうとう》、すなわち跪《ひざまず》いて礼をしたり頭を床にすりつけて礼をしたりする必要はなかった。

現に、パンチェン・ラマ三世が跪いて礼をしようとしたとき、乾隆帝は玉座を立って、さっと駆け寄り、みずから手をにぎりながら、「ラマは跪いて礼をしないように」と、チベット語で話しかけたと伝えられる。しかも、列席していた各国の使節に、「パンチェン・ラマ三世に拝礼せよ」とまで命じた。

これらの行為は、儒教的な理念にもとづいて中華の皇帝をあがめてきた者たちにとっては、許しがたいことであった。しかし、拒否することを乾隆帝はけっして許さず、パンチェン・ラマ三世に対する拝礼を強制した。こうなると、チベット仏教はもはや「国教」と呼んでいい地位にあったとも解釈できる。

このときの乾隆帝の対応は、かつて康熙帝とダライ・ラマ五世が会見したときと比べても、異質な要素をふくんでいる。ダライ・ラマ五世のためにしつらえられていた座席は康熙帝よりも、ほんの少しではあったが低く、どちらの地位が上か、誰の目にも明らかであった。さらに、パンチェン・ラマはチベット仏教界の序列では第二位にすぎない。にもかかわらず、乾隆帝は自分と同じ待遇を用意したのである。

このように、乾隆帝のチベット仏教に対する心酔は、チベットに対するすこぶる冷静な施策からは、なかなか理解しがたい。おそらく、大清帝国の皇帝という地位にも、公的な立場と私的な立場の両方が存在し、普楽寺の旭光閣にヤブユムがまつられていた点は、どちらかといえば皇帝の私的な立場と、より強くかかわっていたのではないか、と私はおもう。

密教に魅せられた理由

中国の皇帝は、なぜ、これほどまでにチベット密教に傾倒したのであろうか。以下は、あくまで、密教を主な研究対象にしてきた宗教学者としての私の見解にすぎないが、中華に君臨する皇帝として、求めて止まないおのれの超絶的な聖性を、チベット密教の修行法、わけても性的ヨーガの実践によって獲得できるのではないか、という想い、もしくは幻想にとらわれていたのではないだろうか。

すでに述べたとおり、チベット密教の中核をなす無上ヨーガタントラ系密教の「楽空無別」の理論では、仏教の最高真理たる「空」は、至上至高の性的快楽、すなわち大楽というかたちで体得されるという。ただし、性的快楽は、どこまでいっても性的な快楽に過ぎず、そのまま「空」を体得できるわけではない。性的快楽は、「空」へと次元を超えて跳躍するための、いわば跳躍台にとどまる。

しかし、このあたりを曲解ないし誤解すれば、性的快楽が即、真理の把握につながるという幻想を生む。密教の歴史を振り返ると、そのような傾向がチベット密教のみならず、日本密教でも多々見られる。あるいは、チベットの仏教者が中国やモンゴルの権力者たちに、自分たちの存在意義を売り込むために、あえてそういう手段に出た可能性もある。

ひるがえって、康熙帝や乾隆帝のような大清帝国の皇帝の場合、漢族ではない自分に、世界を統治する「天命」が降ったという認識ははなはだ強かったようだ。むろん、それは儒教的な理念のなせるわざである。同時に、彼らには、仏教的な理念にもとづき世界を統治する「転輪聖王《てんりんじょうおう》」という地位に自分がいるという認識も、また強くあったらしい。そこに、儒教的な理念と仏教的な理念を統合しなければならない必然性が生まれた。

儒教的な天命にもとづく皇帝であれ、仏教的な理念にもとづく転輪聖王であれ、最終的な位相では、皇帝自身の聖性が最も重要である。そして、もし仮に、皇帝の聖性の強度によって、世界を秩序正しく統治できるか否かが決まるのだとしたら、皇帝たる者は、なにをおいても、まず自分自身の聖性を極限まで高める方策を求めざるをえないことになる。

まさに、その方策を提供してくれたのが、チベット仏教の密教部門であったのではないか。そう考えれば、歴代の皇帝たちがチベット密教に傾倒した理由が見えてくるような気がする。

もちろん、なかには、以上の理屈にかこつけて、ただ単に性的快楽を追求しただけの皇帝もあったにちがいない。しかし、その心中に、おのれの聖性をあたうかぎり高めたいという意識がなかったとは言い切れない。まして、清の康熙帝や乾隆帝は名君として知られる。性的快楽のためだけに、チベット密教に傾倒したとは、想像しがたい。

危機をはらむ関係

ここでもう一度、政治の領域に話をもどそう。

清の皇帝が、「施主と帰依処」という関係において占めている地位は、チベットはもとより、モンゴルに対する施策としては、有効に機能していた。もともと、モンゴルの強大な軍事力は、清にとって両刃《もろは》の剣であった。命令に従っている限りは、敵を打ちのめす決定力になるが、ひとたび敵にまわって牙をむけば、手に負えない脅威になった。

この点について、康熙帝と乾隆帝のあいだにあって、清の国家体制を真にかためた最大の功労者というべき雍正帝（一六七八〜一七三五）は、チベットとジューンガルのことは、安南《あんなん》（ベトナム）やロシアなどの諸外国とは比較にならないほど重要で、チベットの問題をうまく処理できなければ、モンゴルの人々は疑いをいだくので、くれぐれも事は慎重に運ぶべきだという認識を強くもっていた。

清の慎重な対処が功を奏して、モンゴルはチベット仏教に帰依し、ずいぶんおとなしくなった。特に、清がチベット仏教を保護する施策の一環として、寺院や僧侶に、金品を寄進したり税を免除したりと、いろいろな恩典をほどこすにおよび、モンゴル人のなかからも、とりわけ優秀な若者の出家が相次いだ。事実、チベット仏教の教理研究や仏教史の分野を見ても、この時期になると、たとえば『パクサム・ジョンサン（如意善樹）』という題名の仏教史を書いたスンパ・ケンポ（一七〇四〜八八）のように、すぐれた業績の多くがモンゴル出身の僧侶の手になり、やや停滞気味であったチベット人僧侶を凌駕するようになる。

しかし、それは同時に、モンゴルの軍事力を弱体化させる結果もまねいた。勇猛果敢な軍事力は、どこかで野蛮さとつながっているが、すでに述べたとおり、モンゴルはチベット仏教に感化されて、その野蛮さを徐々に失っていったのである。

国家建設の当初はともかく、雍正帝や乾隆帝のころともなれば、モンゴルの強大な軍事力はもはや必要とされず、チベット仏教に入れ込んで、おとなしくしてくれていたほうが、国家体制を安寧にたもつためには、かえって良かった。こういう現実を考えれば、乾隆帝がチベット仏教とのあいだで、「施主と帰依処」の関係を再確認することは、大きな意義があった。

ただし、両者のこのようなかたちの関係は、別の観点から検討すると、ひじょうに危うい要素をはらんでいた。そもそも、「施主と帰依処」の関係は、基本的には、皇帝もしくは皇帝家（皇室）とチベット仏教界の筆頭僧侶のあいだにむすばれている。そのため、もし仮に、皇帝もしくは皇帝家がその権力を失った場合、一挙に瓦解《がかい》してしまう危険性がある。事実、清が滅亡したとき、この種の見解にもとづき、チベット仏教圏に、独立をめざして、さまざまな動きが登場してくることになる。

次々に毒殺されるダライ・ラマ

清の介入はあったものの、この時代のチベットは、わりあい平和で、少なくとも民衆の生活に関しては、そこそこ良かったらしい。本書の冒頭で述べたとおり、チベット人の生活は、貴賤《きせん》上下を問わず、きわめて簡素だ。麦を煎《い》って粉にしたものをバター茶で練って食べるツァンパさえあれば、とりあえず生きていける。私たちの目から見れば、赤貧《せきひん》洗うがごとくであっても、彼ら自身は、それを何ともおもっていない。私が長年お付き合いしているガンデン寺やセラ寺のような、ゲルク派の大寺院の最高格の僧侶の方々でも、食生活は一般の人々とさして変わらない。

これまで書いてきたように、チベットの支配階層は、ひじょうに政治が好きで、権力闘争の権化みたいなところが多々あり、また金品もすこぶる好きである。しかし、中国本土や日本に比べれば、物質的な豊かさという点では、たかが知れている。その証拠に、明はチベットから税を取り立てず、清の乾隆帝も、すでに述べたとおり、朝貢を免除している。

したがって、戦乱がなく、畑を耕し、機《はた》を織り、家畜を飼うという基本さえできていれば、民衆はそれなりの生活を享受できた。少し余裕が生まれれば、たまには寺院に詣《もう》でて後生の安楽を祈り、精神的にもまあまあ満足しながら、一生を送れたのである。

しかし、そのいっぽうで、チベット社会の頂点に立つダライ・ラマ政権の内部では、とんでもない事態が進行しつつあった。次の表をご覧いただこう。ダライ・ラマ九世から一二世の生没年と死因である。

九世ルントク・ギャンツォ	一八〇五～一五	肺炎で急死
一〇世ツルティム・ギャンツォ	一八一六～三七	突然死
一一世ケートゥプ・ギャンツォ	一八三八～五五	突然死
一二世ティンレー・ギャンツォ	一八五六～七五	突然死

図19　セラ寺の法要　ゲルク派なので黄帽をかぶる

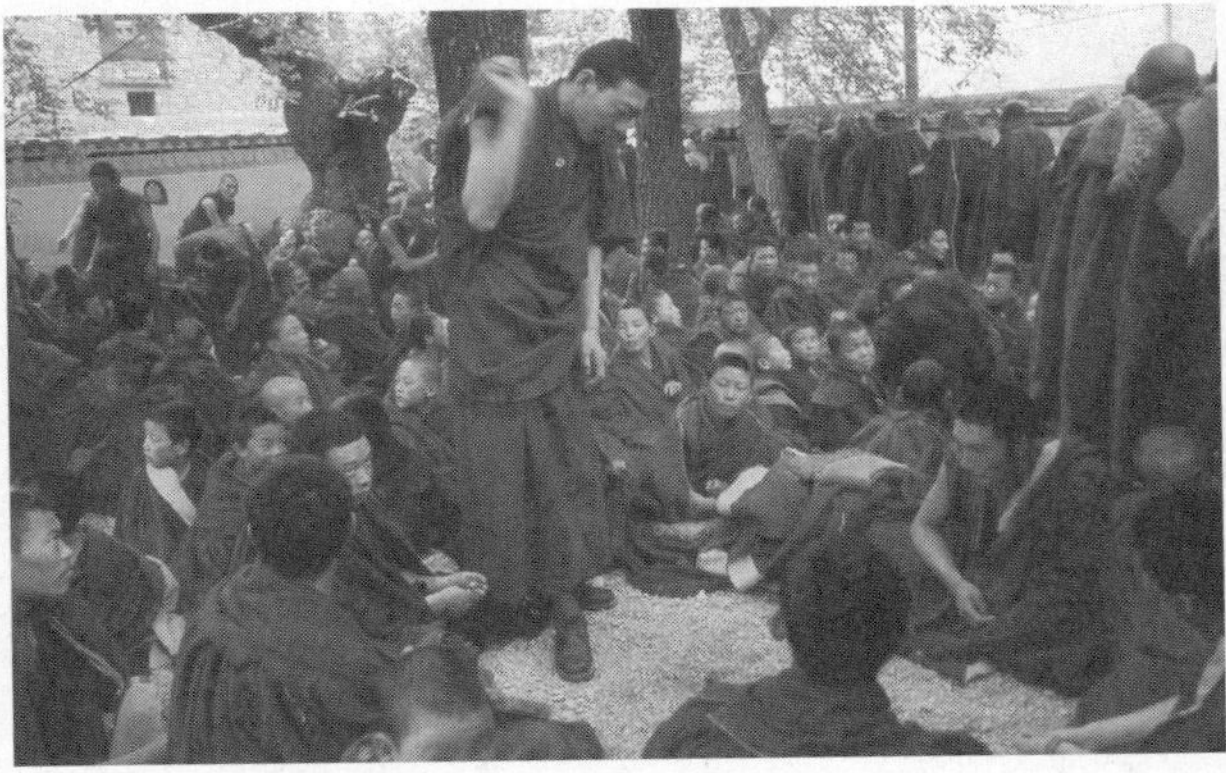

図20　セラ寺の討論修行

単純計算すれば、彼らの寿命は一一歳・二二歳・一八歳・二〇歳。平均寿命はわずか一八年にも満たない。どう考えても、この数字は異常だ。暗殺説が出てくるのも、無理はない。そして、暗殺の方法はどうらや毒殺で、奇妙なことに、犯人は一人も逮捕されていない。

このころの政治的な実権は、ギャルツァプとよばれる名代職（摂政）が握っていた。その理由は、次のようなことであった。カルマ派では、法王の黒帽ラマを、副法王の紅帽ラマが補佐する体制を採用しており、ゲルク派でもそれを真似て、ダライ・ラマをパンチェン・ラマが補佐する体制を採用した。

ただこの体制では、幼少時にえらばれ、数え年一八歳で親政《しんせい》を開始するまで、長い期間が必要になるため、名代職が実権を掌握するのは、避けられなかった。もちろん、名代職の役得は、膨大なものとなる。賄賂は取りほうだい、不正な行為もいくらでもおこなえる。

しかし、いったんダライ・ラマが親政を開始すれば、役得は失われる。それどころか、旧悪が暴露されて、政敵からどんな罪を着せられるか、わかったものではない。こうなると、ダライ・ラマに長生きしてもらっては困る。そう考える名代職、および利権を得てきた取り巻きたちがあらわれたとしても、なんの不思議もない。

当時の人々の手記などから推すと、ダライ・ラマたちは、いずれも高貴な容貌《ようぼう》をもち、態度や物腰も優美で、どこから見てもまことに立派な宗教人であったらしい。しかし、ダライ・ラマが立派な宗教人であればあるほど、かえって困る人も政権の内部にはたくさんいたようだ。それゆえに、ダライ・ラマが成人に達して、本格的に親政を開始し、政権の内部に隠されてきた真実に気付き始める前に、誰かの黒い手により、なんと四代続いて、抹殺されてしまう結果となったのである。

第七章　近代とチベット（一九世紀後半〜二〇世紀）

清の没落とイギリスのチベット進出

清のチベット仏教に対する関心は、乾隆帝の時代に頂点に達すると、その後は下降していった。また、清そのものも、激動する世界の趨勢《すうせい》に立ちおくれ、旧態依然の老大国、アジア的停滞の象徴という、すこぶる冴《さ》えない存在となっていく。

特に、一八四〇年に勃発したアヘン戦争に敗北すると、清の権威は失墜した。次いで、一八五一年に始まり六四年までつづいた太平天国《たいへいてんごく》の乱は、決定的な打撃をあたえ、弱体化した清の領土は、西欧列強の侵略にさらされた。この状況に対し、清の政権は徹底的な排外主義をもってのぞみ、その政策が事態をさらに悪化させるという悪循環を繰り返すことになる。

このように、清を取り巻く状況は悪化の一途をたどっていたが、一九世紀のチベットは、けっして悪い状況になかった。むしろ、清が衰退することによって、介入される機会も減り、ダライ・ラマ政権そのものも統治能力を高めたことと相まって、高度な自治を実現できていたからだ。清としても、チベットが高度な自治を実現したことは、自分たちの負担の軽減を意味していたので、チベットが清の内部に依然としてとどまっているかぎり、歓迎すべき事態であったようだ。

むろん、一九世紀の世界を席巻した帝国主義の嵐は、清という保護者を失いつつあったチベット高原にも吹き荒れた。しかし、それでも、一九世紀にはまださほど深刻な影響はあらわれなかった。風雲急を告げる事態になったのは、やはり二〇世紀に入ってからである。

この時期、チベットに食指を伸ばしてきた列強国は、南からはインドを植民地としたイギリス、北からはロシアであり、そこにチベットの宗主権を主張する清――辛亥《しんがい》革命後は中華民国――が絡む、というのが基本的な構図であった。のちには、近代化に成功した日本も、ロシアや中国に対する戦略構想から、チベットに触手を伸ばすことになる。

まず最初に動いたのはイギリスであった。当時イギリス領となっていたインドを統治する現地の政庁は、一九世紀の末ごろから、インドと清の国境を確定し、両国の関係を国際法にもとづいて規定したいと考えるようになっていた。そして、インドと清の国境を確定するとなれば、そのほとんどがチベットとインドのあいだの問題になる。

そうなると、いやでもチベットに関心をもたざるをえなくなる。北京の清政権と交渉すべきところが、いざ交渉となると、その当事者が見つからない。状況がいっこうに解決されないまま、時間だけが過ぎていき、結局、チベットがイギリスとの交渉を望んでいないことが判明する。

この点については、世界でもっとも正確な仏典を求めて、鎖国《さこく》同然であったチベットに入国し、その体験を『チベット旅行記』にしたためた河口慧海《かわぐちえかい》（一八六六〜一九四五）の印象が参考になる。実際に拝謁した慧海によると、一三世はひじょうに慎重な性格の持ち主で、毒味を徹底させ、信頼に足る側近が毒味した食物しかとらず、医薬の摂取にも、ことのほか用心深かったようだ。逆にいえば、この一事を見ても、一三世の前任者たちがみな毒殺されたことが想像できる。

イギリスがチベット相手の交渉に難渋しているうちに、今度はチベットがロシアと交渉を開始し、その提案を受諾するのではないか、という危惧が生じてきた。アジアにおける覇権をロシアと争っているイギリスとしては、絶対に許せない事態である。この危惧を解消し、イギリスの立場を一挙に好転させるために、何をなすべきか。検討の結果、イギリスがえらんだのは、やはり軍事力による状況改善という方策であった。

一九〇四年、インド総督の命令を受け、チベット長官の任にあった陸軍少佐のヤングハズバンド（一八六三〜一九四二）にひきいられた遠征軍は、ヒマラヤを越えてチベットに侵攻した。このとき、チベットとインドをつなぐ交易の拠点都市であったギャンツェでは、連発式の銃など、当時としては最新の装備に身をかためた遠征軍と、旧式の火縄銃と弓矢しかもたないチベット軍のあいだで、壮絶な戦いがおこなわれた。結果は火を見るより明らかで、敗れたチベット軍の兵士は、ギャンツェ城の建つ高い崖から身を投げるなどして全滅した。チベットにとって、遠征軍は明らかに「仏敵」であった。

じつは、この遠征軍に、後にブータン王となる人物が手勢を引きつれて加わっていた。そして、イギリスの勝利に貢献したことを認められ、ブータンに今につづくワンチョク王朝を開くことになる。

ブータン

ここでブータンについても少し触れておこう。ブータン王国は、一七世紀の前半期、チベット仏教圏の最南端で建国された。じつはブータンという国名は通称であり、正式には「ドゥク・ユル（雷龍国）」という。この国名は、チベット仏教のカギュ派から分派したドゥク派の人物によって建国され、ドゥク派が国教となったことに由来する。

現在のブータンは、日本の九州より少し大きい国土に、八七万人ほどの人々が居住している。その具体的な構成は、西部はチベット系のガロン、東部はミャンマーやアッサム地方の出自と主張するツァンラが多く居住し、南部の低地には一九世紀の末以降にネパールから移住してきたローツァンパが居住する。公用語はチベット語系統のゾンカだが、その他に二〇以上の言語が使われる。宗教的には、西部にドゥク派の信者が、東部にチベット仏教のニンマ派の信者がそれぞれ多く、南部のローツァンパはヒンドゥー教という傾向がある。

北には海抜七〇〇〇メートルにも達するヒマラヤ山脈がそびえ、南は海抜二〜三〇〇メートルしかない低地がインドまで広がっている。国土の七二パーセントは、熱帯雨林、照葉樹林、針葉樹林などから構成される森林が占めるが、この割合はチベット仏教圏としては、他に例がない。基幹となる産業は農業で、低高度の平坦な地域では米、麦、トウモロコシなどが、山岳地帯では果樹などが栽培されている。

その歴史が確認できるのは、一二世紀から後である。一七世紀にいたるまでの間は、ニンマ派やサキャ派やカギュ派やカダム派など、チベット仏教の諸宗派が、勢力を拡大するために、ブータンに競って進出し、在地の勢力と入り乱れて、熾烈な抗争が展開された。ブータンは、森林資源をはじめ、チベット仏教圏としては例外的に物産に恵まれていたために、激しい争奪戦の対象となったのである。

現在に続く国家の枠組みが成立したのは、前述のとおり、一七世紀の前半であった。ンガワン・ナムゲル（一五九四〜一六五一）が、割拠状態を克服して、ブータンを初めて統一した。彼は、チベットにおけるドゥク派の本山として有名なラルン寺の座主という高位にあったが、宗教政治上の抗争に敗れ、一六一六年にブータン西部へ亡命してきたのである。

ンガワン・ナムゲルはそのたぐい稀なカリスマ性を発揮して、ブータン史上、最初の統一者となり、宗教と政治の両面に君臨した。チベット仏教では、有力な宗派の筆頭僧侶が、宗教上にとどまらず、政治上の権力をも掌握するのが通例であり、彼もその例に漏れなかった。その施策は、まず国立の僧院を建立し、その最高位にジェ・ケンポ（大僧正）を任命して国全体の宗教を統括させた。同時に、僧侶による政治支配体制を構築して、最高位にデシもしくはデプとよばれる摂政を任命し、国の政治を統括させた。そしてンガワン・ナムゲルとその後継者は、この二人の上位の存在として、ブータン全土を支配しようとしたのである。

地域の中核となる地点には「ゾン」が建設された。ゾンはチベットでは、軍事的な意味における城だが、ブータンでは、僧院と政庁を兼ねた。この構造は現在も変わっていない。ゾンの内部には、僧院と政庁が併設され、聖職者の僧侶と俗人の役人が出入りしている。

ンガワン・ナムゲル自身は、晩年、息子をもうけて後継者にしようとしたが、せっかく誕生した嫡子は後継者としての資質を満たさなかったために、その意図は成就しなかった。ンガワン・ナムゲルが遷化したとき、混乱を恐れて、その死は半世紀以上にもわたって秘められた。ようやく死が明らかにされたとき、ドゥク派政権は、ンガワン・ナムゲルの身口《しんく》意《い》、つまり身体と言葉と意識の三部門に、それぞれ別の化身となる人物を立てて、後継者とする方式を採用した。しかし、三人の化身が選ばれ、しかも三人が同じ権威をもつという事態は、当然ながら混乱を招いた。その結果、一八～一九世紀のブータンは、弱体化した政権のもと、各地の勢力が血《ち》塗《みど》ろの抗争に明け暮れることになる。

　長きにわたる抗争と混乱に終止符を打ったのが、一九〇七年に成立したワンチュク世襲王政である。初代のウゲン・ワンチュクは、ニンマ派の高僧として名高いペマ・リンパ（一四五〇～一五二一）の血統を引く名門貴族の出身で、その当時、インドを支配していたイギリスと友好関係をむすび、国内の諸勢力をおさえて、統一王朝を開いた。

　歴代の王は、かつてのドゥク派政権とは異なり、あくまで政治権力の頂点に君臨する者であり、宗教的な権威はもたない。現在の法体系では、国王と、ドゥク派の最高権威者であるジェ・ケンポが、対等の地位にあることになっているが、ジェ・ケンポはもはや政治的な権力とは無縁で、実際には対等の地位にあるといえない。

近年、ワンチュク世襲王政は民主化への道を歩みはじめ、国会議員の選挙も実施されている。世界の趨勢に敏感な国王の側が、むしろ先手を打った感もある。ただその結果、各候補者が選挙民向けに、いわゆる利権誘導の動きを示す事例も見られ、自然環境の保全を第一とする国是に反して、各地で乱開発のきざしも見え始めている。

大失態

さて、「仏敵」の遠征軍がラサに近づいたことを知ったダライ・ラマ一三世は、親ロシア勢力の勧めに応じて亡命を決意し、北へ逃れた。一三世が去ったラサに入城したイギリスの派遣使節は、ダライ・ラマから後事を託されたガンデン・ティパを首班とするチベット政府と交渉し、ラサ条約を締結。内容は、貿易市場に関する取り決めや賠償金の確定などであった。条約が締結されると、イギリス軍は、長居は無用とばかり、さっさと撤退した。

いっぽう、北へ逃れた一三世は、期待していたロシアの援助を得られなかった。仕方なく、モンゴルや青海を彷徨《ほうこう》したあげく、ラサからの帰還してほしいという要請を無視し、清の北京に来るようにとの命令にしたがった。日本の参謀本部の意向を受けた寺本婉雅《てらもとえんが》（一八七二～一九四〇）から、ここは清と融和して状況に対処すべきだと説得されたためという説もある。ちなみに、寺本婉雅は、浄土真宗大谷《おおたに》派（東本願《ひがしほんがん》寺《じ》）の僧侶の出身で、チベットに入り、陰に陽に、さまざまな活動を展開した人物だ。

一九〇六年、イギリスと清が交渉し、英清西蔵条約が締結された。この条約の締結にあたっては、イギリスと清の双方に、互いに交渉する必要があるという認識が存在した。先にチベットとイギリスのあいだで締結されたラサ条約に関して、両者はこう考えていたからだ。イギリスは、この条約を清が承認することを期待していた。また清は、この条約には清の宗主権にまつわる記載がない上に、清の調印もないので無効とみなしていたが、このまま黙殺していると、チベットに対する清の宗主権が存在しないかのごとく受け取られるかもしれない、と危惧していた。

両者のこうした思惑から交渉が開始され、新たに締結されたのが、英清西蔵条約にほかならない。ようするに、清のチベットに対する宗主権と、イギリスのチベットに対する特権を、どう折り合わせるか、が議題の中心となった。

その結果、イギリスがチベットに課した賠償金は、清が肩代わりすることで決着した。事実、アンバン（駐蔵大臣）の任にあった張蔭棠《ちょういんとう》は、チベット政府の担当大臣であったサルチュン・ツェデン・ワンチュク（一八五七〜一九一四）に金をあずけ、彼の手からイギリス・インド政庁に支払わせた。

だがこの件は、ただ単に、賠償金の支払いという次元では済まない案件であった。

なぜなら、イギリスがチベットに対して課した賠償金を、清が肩代わりするということは、すなわち、チベットの宗主権が清にあることを確認する行為であったからだ。チベット政府としては、例の「施主と帰依処」の延長線上の行為に過ぎない、つまり帰依処のダライ・ラマ政権のツケを、施主の清が支払ってくれただけのことと、気楽に考えていたのかもしれない。しかし、国際法上の常識からすれば、そういう理屈は通用しない。大失態である。こうして、チベット政府は、みずから独立の道を閉ざしてしまった。

ダライ・ラマ一三世の苦闘

さらに、清も末期になると、チベット仏教に対する保護政策に、大きな変更が見られるようになる。その典型例が、一九〇八年に、四川雲南辺務大臣の趙爾豊《ちょうじほう》が、チベット社会の全面的な改造と近代化を標榜し、軍隊をひきいて、ラサに進撃してきた事件である。この進撃については、欧米に由来する近代的な領域国家という理念に目覚めた清の政治家の一部が、自治を実現していたチベットを、再び自国の確固たる一部に取り戻そうと画策したことが、その背景にあったという指摘もある。

趙軍は、まず手始めに、ダライ・ラマの統治がおよばないと規定されていた東チベットの各所で、寺院に放火し、金品を強奪し、僧侶を虐殺し、無辜《むこ》の民まであまたを殺害した。清は「施主」とかたく信じてきたチベット人からすれば、その行為は予想だにしなかったことであった。驚いたダライ・ラマ政権は、清の皇帝に向かって、惨状を訴え、進撃の即時停止を求めた。しかし、その願いも空しく、一九一〇年、趙軍はラサにまで進撃してきた。

じつは、ここまでの間に、イギリスは対立していたロシアとのあいだで、チベットに対する清の宗主権を認めることで合意していた。これを受けて、清もチベットに外交権がない旨を、すでに一九〇八年、イギリスと新たに締結した条約のなかに明記し、清のチベットに対する宗主権を国際的に確立していたのである。趙軍のチベット侵攻も、この文脈のなかで起こった事件であった。

先に何の得るところもなく北京から戻ってきていたダライ・ラマ一三世は、今回の清の対応にいよいよ絶望し、いたしかたなく、「仏敵」のイギリスが統治するインドへ亡命した。一三世の認識では、チベット仏教を保護しない清は、もはや宗主国の名にあたいしなかった。

そして翌年、辛亥革命により清が滅亡し、中華民国が成立すると、一三世は自前の軍隊を組織し、チベット域内からの漢族追放令を発布して、独立をめざす方針を明らかにした。一三世の理想は、チベットを中央集権的な独立国家に再生させることであり、そのためにはどんなことでも堪え忍ぶ、鋼鉄のごとき堅固な意志をそなえていた。

彼はいたって緻密な頭脳の持ち主で、理解力や洞察力、そして決断力においても傑出していたらしい。

ただし、ヤングハズバンドがチベットに侵攻して以来の、一三世の右往左往ぶりを見ると、その国際感覚にはかなり問題があった。とはいっても、いまだ中世を彷彿《ほうふつ》とさせる政教一致の体制のもと、長年にわたってチベット高原に孤立してきたチベット人に、近代的な国際感覚を求めるほうが無理なのかもしれないが……。

チベット独立宣言

孫文《そんぶん》亡きあとの中華民国の実権をにぎった袁世凱《えんせいがい》は、清のチベット政策をそのまま継承することを伝達してきたが、ダライ・ラマ一三世はこれを拒否。一九一三年には、「五箇条宣言」を発表し、その前文において、チベット独立を宣言した。

この独立宣言は、国際法が求める独立国家としての三要件（統一政府・領土・国民）を満たしているので、有効とみなされる。なお、この独立宣言の有効性については、国際法学者として著名な入江《いりえ》啓四郎《けいしろう》氏の著書『中・印紛争と国際法』（一九六四）に、詳しい研究がある。今日のチベット問題を論じるうえで、ひじょうに重要な著作なので、チベット問題を考えたいとおもう方は、ぜひお読みいただきたい。

同じころ、東チベットでは、イギリスから武器の援助を受け、独立をめざすチベット軍と、趙爾豊が獲得した既得権を守ろうとする中華民国とのあいだで、戦闘が繰り返されていた。イギリスもこの地域の利権を確保するためにさまざま画策し、一九一四年にチベットとのあいだでシムラ条約を締結したが、この条約は、インドとチベットの国境線を定めただけで、チベットと中華民国の関係にはほとんど踏み込まなかった。その背景には、イギリスにとって、懸案の第一は利権の確保であり、そのためには現状に極端な変更のないほうが、好都合であったからといわれる。それを裏付けるかのように、チベット軍が東チベットで勝利をおさめ始めると、イギリスはチベットに武器の供給を停止し、中華民国との停戦を迫っている。

ようするに、この時期のダライ・ラマ一三世は、片や帝国主義の権化ともいうべきイギリスの身勝手きわまりない行動様式に翻弄され、片やチベットに対する宗主権や既得権を、時代が変わっても、あいかわらず求めつづける中華民国の対応に苦慮しつづけたのである。

ダライ・ラマ vs. パンチェン・ラマ

ダライ・ラマ一三世の企図を妨げる敵は、チベットの内部にもいた。パンチェン・ラマ六世（九世）ロサン・チューキ・ニマ（一八八三～一九三七）である。

パンチェン・ラマ六世は、ダライ・ラマ一三世とはまったく異なり、個人的な政治的野心はかけらもなく、むしろ純粋な宗教者であった。そもそも、パンチェン・ラマとは、「偉大な学者」を意味する語であったから、パンチェン・ラマ六世の資質は理想的であったといっていい。

ところが、そのパンチェン・ラマ六世がダライ・ラマ一三世の前に立ちはだかる事態が起こった。その根本的な原因は、ダライ・ラマ一三世が中国からの独立をめざしたのに対し、パンチェン・ラマ六世は伝統的な「施主と帰依処」の関係を重視して、中国と縁を切りたくなかったことにあるといわれる。

この時点における政治状況を考えれば、それが可能か不可能かはひとまずおいて、ダライ・ラマ一三世が構想したように、チベットの独立をめざして動いたほうが、良かったとおもわれる。しかし、ダライ・ラマ一三世に比べても、格段に世事に疎《うと》いパンチェン・ラマ六世には、理解がおよばなかった。

むろん、そのほかにも、さまざまな軋轢《あつれき》があったことも確かだ。いちばん大きかったのは、ウィ（中央チベット東部）とツァン（中央チベット西部）の、まさに歴史的な対立である。

また、一九二〇年にダライ・ラマ政権が、軍事行動にかかった莫大な経費をまかなうために、それまで無税であったパンチェン・ラマの領地に、慣行を無視して課税したことも、新たな対立の火種となった。もともとさほどの領地をもたず、収入の多くを清からの布施に頼っていたパンチェン・ラマの財政状況が、清の滅亡によって極端に悪化していたところにこの措置だったので、こらえきれない。加えて、パンチェン・ラマ六世の悪口をあること無いこと、ダライ・ラマ一三世に吹き込んだ人物がいたことなども、ダライ・ラマ一三世とパンチェン・ラマ六世の対立を決定的にしてしまった。

むろん、ツァンでは、ダライ・ラマ一三世の施策に抗議する者が相次いだ。だがそれに対し、一三世はまったく容赦しなかった。反対者には徹底した弾圧でのぞんだのである。

なお、国際法では、独立国家の要件として統一政府の存在を必須とするが、その統一政府の要件として「徴税権」の確立がある。この点から考えると、当時のダライ・ラマ政権がこの要件を知っていたのか否かはわからないものの、ツァンに対する課税の強行は、結果的に統一政府の確立を意味することになり、政策としては正しかったと解釈できるかもしれない。

ダライ・ラマ一三世の果断な性格をよく知っていたパンチェン・ラマ六世は、生命の危険すら感じたらしい。ついに一九二三年、わずかばかりの側近たちを引きつれ、長年の居城タシルンポ寺をあとにして、東北チベットのアムドに逃亡した。

その後、パンチェン・ラマ六世は、一九三七年に遷化するまで、タシルンポ寺には二度と戻らなかった。というより、戻れなかった。

最晩年に至って、自分の生命もう長くないことを悟り、ひたすら望郷の念に駆られたパンチェン・ラマ六世は、青海省とチベットの境に至り、ダライ・ラマ政権に膝を屈して、帰郷の希望を伝えた。このとき、ダライ・ラマ政権は、パンチェン・ラマ六世個人の帰郷は認めたものの、側近たちに関しては、中国に通じる可能性がある人物がいるという理由で、無情にも拒否した。

この回答を受けたパンチェン・ラマ六世は、長きにわたり仕えてくれて、艱難辛苦《かんなんしんく》をともにしてきた者たちを見捨てて、自分だけが帰るわけにはいかないと言って、帰郷を断念。まもなく、カム（東チベット）の中心都市ジェクンド（玉樹《ぎょくじゅ》）で、無念の死を迎えた。

この出来事は、ダライ・ラマとパンチェン・ラマという二大活仏の関係を、どんなことをしても修復不可能な次元にまで追い込んでしまった。そしてこれは、この対立をチベットの統治に利用しようとする勢力も生み出すことになってしまった。その意味では、ダライ・ラマ一三世は、事態に果断にのぞむあまり、指導的な立場にある宗教者としてもっているべき情を忘れ、いや、その前に一人の人間としてもっているべき情を忘れ、対応を誤ったといえるかもしれない。

ただ、パンチェン・ラマの一行は、実際に国民党軍の護衛兵をともなっていたという説もある。また、パンチェン・ラマ側が、かなり強硬な態度に終始して、ダライ・ラマ側の妥協案を拒否したともいう。もし、それが事実であれば、ダライ・ラマ一三世の対応は致し方なかったともいえる。

こののち、一九三三年に遷化するまで、ダライ・ラマ一三世は、チベットの近代化をめざして、いろいろな施策を実施しようと試みた。しかし、そのほとんどは、伝統墨守《ぼくしゅ》を金科玉条として、超保守で凝りかたまった僧院の反対にあって、実現せずに終わった。

ただ一つ、一三世にとって幸運であったのは、一九一三年に発表した「五箇条宣言」の前文で宣言したチベット独立が、国際的な承認は得られなかったものの、一方の当事者である中国が、混乱を極める国内事情のために、介入するどころではなく、イギリスもソビエト連邦も、枢軸国《すうじくこく》との戦争で忙殺され、これまた介入するどころでなかったために、実質的には保たれていたことだ。この状態は、紆余《うよ》曲折を経ながらも、一九五〇年に中国共産党政権がチベットを「解放」するために、軍事力を発動するまでつづいた。

ダライ・ラマ一三世と日本人

ダライ・ラマ一三世が統治していた時代のチベットは、日本が曲がりなりにも近代化を成し遂げた時期に当たっていた。欧米列強による植民地化の危機をかろうじて逃れた日本は、物心両面で、大陸に強い関心をいだくようになる。この潮流に乗って、チベットにも、何人かの日本人が訪れ、そのなかにはダライ・ラマ一三世と直接、かかわりあう人物もあらわれた。

これらの日本人がチベットに興味をもつに至った理由は、おおむね二つあった。一つは、チベットに伝承されてきた仏教の真髄を極めるため。もう一つは、欧米列強に互して、大陸進出をはかろうと考える勢力の、いわば先遣隊的な役割である。なかには、この二つの要素が、分かちがたく結びついているような事例も見られた。

日本人として、まず最初にダライ・ラマ一三世に拝謁したのは、河口慧海である。前にも述べたとおり、世界でもっとも正確な仏典を求めるため、日本人として初めてラサを訪れた河口慧海は、滞在していたセラ寺で同僚の病気やけがを癒したのが評判となり、一九〇一年に一三世から拝謁の栄をたまわることになった、と『チベット旅行記』に記している。実際にその姿を間近で見た慧海にいわせると、一三世は「俗に言うとなかなか利かん気なお顔で、眼は遠慮なしに言うと狐のようにつりあがり、眉毛もまた同じ形につりあがっていかにもその様は鋭いお顔をせられて居る。(中略)法王は宗教的思想よりもむしろ政略的思想に富んで居る。(中略)また御自分を守るという思想にも余程富んで居る」。

さすがは稀代《きだい》の大冒険家といわれるだけあって、鋭い観察眼といわねばならない。もっとも慧海は、ダライ・ラマ一三世よりも、そのライヴァルであったパンチェン・ラマ六世のほうがはるかに親しかったようで、真の宗教者として、高く評価している。そこには、いわゆる「大正の玉手箱事件」、すなわち、下賜されたチベット大蔵経《だいぞうきょう》のほんとうの受取人が慧海なのか、後述の青木文教なのか、判然としないなかで、要領よく自分のものにしてしまった事件に見られるような、老獪《ろうかい》ともいえるしたたかさは持っていても、政治的な領域にはまったく関心をいだかず、純粋な宗教者に終始した慧海の価値観が如実《にょじつ》に反映しているのだろう。

次にダライ・ラマ一三世に拝謁したのは、寺本婉雅であった。一九〇六年、東本願寺法主の大谷光瑩《おおたにこうえい》の命を受けて、東北チベットのクンブム寺に滞在していた寺本は、同寺を訪れた一三世に、大谷光瑩からの書簡などを献呈し、白人を信用せず、同じ東洋人かつ仏教徒として、清と融和しつつ、ともに歩もうという趣旨を説いた。

この説得は一三世の心に強く響くものがあったらしい。当時の日本は、日露戦争に勝利をおさめ、アジアの盟主としての地位をかためつつあった。この事実も、説得力の一因となったにちがいない。一九〇八年に、山西省の五台山《ごだいさん》で再び一三世に拝謁したとき、寺本は、すでに記したとおり、ロシアに向かおうとした一三世に、清との融和を説いて、翻心させることに成功したといわれる。このとき寺本は、参謀本部次長の福島安正中将からの書簡も、一三世に献呈している。こうした寺本の行動は、日本の大陸進出と無関係とは考えられないが、子細はよくわかっていない。しかし、寺本とチベットの関係はこれで終わり、一九〇九年に帰国したのちは、静かな学究生活を送ることになる。

ダライ・ラマ一三世の信任がもっとも厚かった日本人といわれるのが、矢島保治郎《やじまやすじろう》（一八八二〜一九六三）である。矢島はかなり変わった経歴の持ち主で、日露戦争に従軍したのち、キリスト教伝道師の島貫兵太夫《しまぬきひょうだゆう》が苦学生の渡米支援団体として設立した日本力行会に入会し、会の中に世界中を無銭旅行して心身を鍛え上げようという趣旨の冒険倶楽部を創設した。矢島自身は河口慧海の著作に刺激され、このころ世界でもっとも入ることが難しいとされていたチベットへの無銭旅行を試みた。

その途中で、チベット軍と清軍の戦闘を目撃し、かなり危うい状況に陥りながらも、どうにかラサに到着できた。一足先にチベットに入っていた青木文教や多田等観《ただとうかん》の助力もあって、ラサ周辺の地図を作製したところ、これがダライ・ラマ政権の関係者から高い評価を得て、一躍、新たに編成されつつあったチベット軍の訓練にあたることになる。その訓練の成果がめざましかったことから、配下の兵士とともに、ダライ・ラマの近衛兵《このえへい》に採用され、ダライ・ラマの夏の離宮ノルブリンカの一隅に住居まであたえられたという。

しかし、ダライ・ラマ政権の軍隊は、援助を受けていたイギリスの意向を無視できず、矢島が指導する日本式軍隊の誕生は夢と消えた。将来への希望を失った矢島は、チベットを離れ、日本に帰国した。その際、チベットで結婚した妻と息子をともなっていたが、妻は日本の生活になじめずに、五年後に胃潰瘍《いかいよう》で死去した。息子も第二次世界大戦に応召し、ニューギニア戦線で戦死。矢島だけが天寿をまっとうしたが、変人扱いされることも多く、その生活は思うにまかせなかったらしい。

「大正の玉手箱事件」で、心ならずも一方の当事者となった青木文教は、チベットに入る前に、西本願寺法主の大谷光瑞《おおたにこうずい》から命じられ、そのころインドに亡命していたダライ・ラマ一三世と、一九〇九年にインド北東のダージリンで拝謁した。その席でチベットへの留学許可を得た青木であったが、しかしその希望はすぐにはかなえられなかった。そのためロンドンへ一年間留学したり、日本へのチベット人留学生を世話するために日本へ帰ったりしたのち、一九一三年、帰還する一三世の一行とともにようやくラサに入り、賓客として遇されることになった。ラサには三年間にわたって滞在し、この間にチベットに関するさまざまな領域を学び、一九一六年の一月、帰国に先だって拝謁したときには、一三世から学位記を授けられている。

日本に帰ってからは、「大正の玉手箱事件」に巻き込まれたり、後援者であった大谷光瑞が法主の座から降りてしまっていたために孤立して生活にも窮するなど、多事多難であった。太平洋戦争中は、大東亜共栄圏における占領地行政機構の一元化を担う大東亜省に勤務して、チベット問題の調査にあたったという。戦後は、アメリカ軍のGHQ（連合国軍総司令部）幕僚部の部局であるCIE（民間情報教育局）に職を得て、ようやく安定した生活ができるようになり、晩年は東京大学でチベット語を教え、静かな余生を送った。

ちなみに、チベット国旗「雪山獅子旗《せつざんしし き》」をデザインしたのは、ラサ滞在中の矢島保治郎とも青木文教ともいわれる。

ダライ・ラマ一三世が、個人的に好意をいだいていた日本人は、多田等観（一八九〇〜一九六七）であったようだ。多田とチベットのかかわりは、西本願寺法主の大谷光瑞から命を受けて、そのころ日本へ留学していたチベット人を、青木文教とともに世話し、日本語を教えるなどしたことがきっかけとなった。多田自身はチベットへ行く気はあまりなかったらしいが、法主の命とあらばいかんともしがたく、ブータンを経由して、一九一三年九月にラサに入った。

しかし、チベットに入った多田は、稀に見る粘り強さを発揮して、高い評価を受けるに至る。ラサでは、ダライ・ラマと縁故があるということで特別待遇を受け、高位の活仏と同等の扱いを受けたという。主にセラ寺で修学し、一〇年をかけて、チベット仏教全般を学び、優秀な者にしか許されない密教部門まで伝授されている。とりわけ、正式な僧侶になるために欠かせない具足戒を受戒するに際しては、ダライ・ラマ一三世がみずから授けるという、異例の厚遇を経験した。一三世は多田をよほどお気に召していたとみえる。なお、多田は、外国人として初めてダライ・ラマから具足戒を授けられた人物でもある。

帰国後は東北大学や東京大学、慶應《けいおう》義塾大学などで教鞭《きょうべん》をとった。戦後は財団法人東洋文庫のチベット学研究センターの主任研究員として、研究と後進の指導に大きな足跡を残している。

多田はチベット語の習得がひじょうに難しいことを嘆き、学生たちに向かって、「チベット人は、文字に書かれているとおりに発音しているつもりなのだが、耳にはそのなかの僅《わず》かな音しか聞こえてこない」という意味のことを言っている。もっとも、多田自身も、東北地方の出身であったために、かなりひどい訛りがあり、その教えを受けたチベット留学生のしゃべる日本語は東北弁風であったという話もある。また、自分は勉強は嫌いと言い、自宅には本の類がなかったとも聞く。

動乱直前のチベット

一九三五年、ダライ・ラマ一三世が遷化してから二年目の年、青海のタクツェに男の子が誕生した。のちのダライ・ラマ一四世テンジン・ギャンツォ（一九三五〜）

である。

同じ青海省にあり、ゲルク派の開祖となったツォンカパの生誕地として知られるクンブム寺で出家した男の子は、一九三九年九月、ダライ・ラマ一四世として正式に認められ、翌年の早春、登位した。その即位式には、イギリス代表とともに、中国代表も出席していた。

第二次世界大戦が終わると、ダライ・ラマ政権は勝者の連合国にお祝いの使節団を派遣し、新時代に乗り遅れまいと必死の努力をみせた。しかし、その内部で、例によって権力闘争が起こり、前名代職一派を現名代職一派が中国にすり寄ろうとしたという理由で粛清した。むろん、まだ幼いダライ・ラマ一四世のあずかり知らぬ出来事である。

ダライ・ラマ政権は、一九四七年から通商使節を、インド、アメリカ、イギリス、中国に派遣して、国交の樹立をはかった。しかし、その努力が実をむすぶ前に、一九四九年、中国本土を中国共産党が掌握し、状況は一変してしまった。共産党政権は、チベットが中国の不可分の領土であると主張し、その「解放」を宣言したからだ。

中国共産党政権はチベット侵攻を正当化するにあたり、以下のような言説をもちいた。

過去のチベットでは、ラマと貴族が農奴《のうど》から搾取するという、世界で最も暗黒な封建的支配が展開されていて、みずからそれを改める意志も能力もなかったので、反帝・反封建の立場で覚醒した中国人民を最も正しく代表する中国共産党が、貧困農奴を立ち上がらせて封建支配を打破し、祖国の統一と、みずからが主人となる社会主義建設の道へと歩ませた。したがって、中国共産党こそ、チベットにおける人権、わけても発展の権利を最も擁護するものである。

（中国人権研究会「西蔵人権保障的歴史的進展——紀念西蔵民主改革四〇周年」『人民日報』一九九七年七月一七日）

この当時のチベットがすべて理想的な状態にあったというつもりは、まったくない。理不尽な搾取や社会的な矛盾は、たしかに存在した。しかし、たとえそれを差し引いたとしても、この言説が欺瞞《ぎまん》に満ちていることは、チベットを実際に訪れた日本人をはじめとする外国人の記事を見ても明らかだ。

具体例をあげよう。出典は西川一三《にしかわかずみ》（一九一八〜二〇〇八）の『秘境西域八年の潜行』（中）（中央文庫）である。当時、駐蒙古大使館調査部に勤務していた西川は、本人の記述によれば、東條英機《とうじょうひでき》首相からの「西北シナに潜入し、シナ辺境民族の友となり、永住せよ」という密命を帯び、モンゴル人僧侶に変装して、一九四三年一〇月の下旬、外モンゴルとの境に近い内モンゴルのトクミン廟《びょう》を出発。内モンゴルから青海を経由し、二年の歳月をかけて、ようやくチベットの首都ラサにたどり着いた。

西川を具体例にあげる理由は、彼が詳細な記録を残している点もあるが、じつは西川が大の「蒙古」好きで、チベット嫌いであったからである。この件に関しては、晩年、チベット関係のシンポジウムにゲストとしてまねかれた西川が、壇上で「私はチベットもチベット人も嫌い」と、身も蓋《ふた》もない発言をして、聴衆を唖然《あぜん》とさせたという逸話がある。ようするに、チベット嫌いの西川が残した記述であれば、チベットに過剰に肩入れしているはずがなく、かえって客観的な事実を物語っている可能性が高いだろう。

西川は一九四五年一〇月のラサのようすを、こう記している。

一般にラマ教徒間には、巡礼者にはよく喜捨《きしゃ》するという、美しい習慣が今なお残っている。ラサの住民達は、「仏の地」に住んでいる手前、誇りもあり、ラサの繁栄はこれら巡礼者の来訪にもあるため、皆、非常に巡礼者に対しては寛大で、何もやらないで追い払うことは稀である。(中略)「働かざるもの食うべからず」といわれている国もあるが、施したり施されたりを繰り返しているこの国は、まだまだ平和な国なのだ。(中略)捕魚捕鳥が厳禁され、またこの禁がよく守られているこの国の動物は、彼らの最大の敵である人間に対しても何の恐怖の念も抱かず、騒ぎもせず、飛び去ろうともしない。かえってこっちを驚かせているのである。

またどの河、どの小川を見ても、これまた人を恐れない無数の魚の群が、背を出しバチャバチャ水音を立てながら、浅瀬を上っている姿を見かける。このように私達の身近に、鳥、魚群と共に遊ぶことができる国が、どこにあるだろうか。これほど自然に近づいたことを深く味わったことはない。

〝石を投げつけて捕らえれば〟と幾度となく思ったのであった。またこのような環境では、鬼畜のような人の手も、何となく手出しのできないような気持ちになってしまうのである。仏教国の名にそむかず国全体が大動物園となっていることの国。何というらやましい国であろう。まったく桃源郷《とうげんきょう》であり、極楽浄土だ。

このほかにも、西川はチベットの田舎の生活にふれて、それがいかに平和で人間的な豊かさに満ちたものか、称賛を惜しまない。チベット嫌いの西川にして、この言説である。チベット人の多くは、貧しいながらも、それなりに充実した生活を享受できる状態にあったと断言していい。

チベット動乱

一九五〇年、チベットは中国共産党政権に対し、独立を通告しようとしたが、聞き入れられるはずもなかった。この年の一〇月には、中国共産党軍のチベット進撃が開始された。

すると、この期《ご》におよんで、名代職は全権を一四歳のダライ・ラマに返すという挙に出た。一四世としても、こうなってはなすすべもない。万が一の事態にそなえ、インドへの脱出も考慮して、インドとの国境に近いヤートンに避難した。かつて、清軍がチベット侵攻をはかったときに、ダライ・ラマ一三世が選んだのと同じ行動である。中国共産党軍のチベット進撃に対しては、イギリスやインドが非難したものの、具体的な措置は示さなかった。チベットは国連に提訴したが、インド代表が、チベットと中国とインドのあいだで平和的な解決の道を模索すると主張したため、国連総会の議題としてとりあげられるには至らなかった。

イギリス代表も、チベットの国際法的な地位には問題があるとみなし、チベットが期待したような対応は見せなかった。かつて、英清西蔵条約が締結された際、イギリスがチベットに要求した賠償金を、清が肩代わりして支払った事案が、ここにきて、チベットの地位を脅かすことになったのだ。それに加えて、一九四七年にインドが独立を果たして以来、イギリスはインドとの関係が深かったチベットに対する関心をほぼ失った感がある。

中国共産党軍の圧倒的な軍備の前に、数も少なく装備も悪いチベット軍では、まったく歯が立たず、またたくまに東チベットを占領されてしまった。手詰まり状態のダライ・ラマ政権は、北京に代表団を送って中国共産党と話し合う以外に、選択肢がなかった。

一九五一年五月、一七箇条の合意文から構成される「和平解放西蔵辧法的協議」を呑まなければ、戦争あるのみと脅されて、代表団はやむなく調印した。もっとも、チベット側は、このとき使われたのは、北京で偽造された公印であったと主張しているが、まったく無意味な弁明というしかない。

この一七箇条のなかには、チベットの自治権、ダライ・ラマの地位と信仰の自由が認められていたが、それもまもなく守られなくなった。この間にも、「解放軍」を称してチベットに駐留する中国共産党軍の数は増えつづけ、ラサ市内は恐慌状態に陥っていた。他の地域でも、「解放軍」は軍用道路や空港の建設をつづけ、支配を既成事実化していった。

「和平解放西蔵辧法的協議」調印後、ラサに戻っていたダライ・ラマ一四世は、一九五四年、パンチェン・ラマ七世（一〇世）とともに、第一回全国人民代表大会に出席を要請され、というか強制され、その帰り際には、中国共産党が人事権をにぎる「西蔵自治区籌備《ちゅうび》委員会」の設立を承認せざるをえない状況に追い込まれた。

一九五六年、その「西蔵自治区籌備委員会」が設立されると、ダライ・ラマ一四世とパンチェン・ラマ七世は正副委員長に選出されたが、実際の権限は中国共産党チベット自治区委員会が掌握していた。

この後、さまざまな抵抗にあって、チベットの改革がなかなか進展しないとみた毛《もう》沢東《たくとう》は、軍事力を行使しても、改革を推し進める方針を決断した。加えて膨大な数の漢族がチベットに入植したこと、集団農場方式が導入されたこと、これまでの大麦栽培に代わって小麦栽培が強要されたことなどがあいまって、大規模な飢饉が発生し、チベットは餓死者累々の事態となる。

このような状況下で、チベット各地では抵抗運動がますます熾烈となる。特に一九五六年末のカム地方から始まった反乱は、中央チベットにも波及して、制御しがたい事態となった。いわゆる「チベット動乱」である。

また、一九五九年三月には、ダライ・ラマを中国共産党が誘拐するという噂が広まり、ラサ蜂起が起こった。これに対し、「解放軍」は容赦ない弾圧を加え、殺害された者は数千にのぼったといわれる。伝統を誇った大寺院は破壊され、僧侶は逮捕され、俗人も多数が投獄された。

そして、三月一七日、ダライ・ラマ一四世とその側近たちは、ラサを脱出してインドへ向かった。国境近くから、インドに亡命を打診。これをネルー首相が受諾したことで、国境を越えた。以来、ダライ・ラマ一四世は故郷の地を踏んでいない。

あとがき

チベットと私の関係は、三〇年ほど前に、師となるツルティム・ケサン（白館戒《しらたてかい》雲《うん》）大谷大学名誉教授と出会い、「私とあなたは前世は兄弟であった。だから、チベットのことを研究しなさい」と告げられたのが発端である。現代日本人の常識ではとうてい理解できない話ではあったが、「まあ、それもありか……」と思い、師の言葉に従うことに決めた。

それから、中央チベットを一二回、インド領地チベットのスピティ地方を一回、ネパールを四回、ブータンを三回にわたり訪れ、チベットの研究にたずさわってきた。じつをいえば、チベットに関心を抱いたとき、すでに四〇歳近い年齢に達していたので、難解で世界に冠たるチベット語を習得し、文献を渉猟《しょうりょう》して正確に読み解くのは無理と判断した。そこで、以前から興味を抱いていた密教美術、なかでもマンダラの研究を中心的な課題に設定し、画像の収集につとめた。私の学術的な業績はこの領域が最も大きい。ギャンツェのペンコルチューデ仏塔のマンダラ群をはじめ、マンダラ研究に画期的な成果をいくつかおさめることができたからである。

また、チベット仏教、ポン教、インドのヒンドゥー教にとって、共通の聖地である西チベットのカン・リンポチェ（カイラース）に巡礼できたことも忘れられない。最高点であるドルマ・ラ（女神の峠）は海抜五六六〇メートルに達して、空気は平地の半分以下しかなく、あれほど苦しかったことは他になかったが、それも今となっては良い思い出となっている。

この間、チベット仏教界において最高の寺格を誇るガンデン寺の筆頭学僧のニェンタク師、セラ寺の最高長老のチャンバイワンジェー師やゲクー（法務長官）チャンバイシー師をはじめ、チベット仏教界の重鎮とされる僧侶の方々と、深くお付き合いさせていただいてきた。本書が、その法恩に報いる一端になることを願ってやまない。

チベット仏教（密教）に関する領域は、前記のツルティム・ケサン師ならびに立川《たちかわ》武蔵《むさし》氏から、国際法に関する領域は龍澤邦彦《たつざわくにひこ》氏から、多くのご教示をいただいた。あつく御礼を申し上げる。

なお、本書は、『裸形のチベット　チベットの宗教・政治・外交の歴史』（サンガ新書　二〇〇八年）を大幅に修正のうえ、文庫化したものである。修正にあたって、編集担当の井上直哉氏から、適切かつ詳細な指摘をいただいた。このことを記して、謝辞としたい。

参考文献一覧

本書の執筆にあたっては、日本語以外の言語で書かれた文献も参考にしたが、大半が私個人の所有であり、入手や閲覧が困難な例が多いので除外した。したがって、以下に挙げる参考文献一覧は、日本語で出版され、現時点で入手あるいは閲覧できる刊本に限定し、項目別に配列している。

チベットの全体像

『チベット（上・下）』（山口瑞鳳　東京大学出版会）
『チベット文化史』（スネルグローヴ／リチャードソン　訳：奥山直司　春秋社）
『チベットの文化 決定版』（R．A．スタン　訳：山口瑞鳳／定方晟　岩波書店）
『チベット』（多田等観　岩波新書）
『チベット史』（ロラン・デエ　訳：今枝由郎　春秋社）
『アジア仏教美術論集　中央アジアII　チベット』（中央公論美術出版）

国際法から見たチベットと中国の関係

『中・印紛争と国際法』（入江啓四郎　成文堂）
『清帝国とチベット問題』（平野聡　名古屋大学出版会）

転生活仏制度

『活仏たちのチベット』（田中公明　春秋社）

ダライ・ラマ

『14人のダライ・ラマ』上・下（グレン・H・ムリン　訳：田崎國彦／渡邉郁子／クンチョック・シタル　春秋社）

モンゴル

『西蔵仏教宗義研究　トゥカン『一切宗義』モンゴルの章』（福田洋一／石濱裕美子　東洋文庫）
『モンゴル帝国の興亡』（岡田英弘　筑摩書房）
『モンゴルの歴史』（宮脇淳子　刀水書房）
『モンゴル帝国の興亡』上・下（杉山正明　講談社）

『モンゴルvs.西欧vs.イスラム』（伊藤敏樹　講談社）
『蒙古ラマ廟記』（長尾雅人　中央公論新社）
『蒙古学問寺』（長尾雅人　中央公論新社）
『モンゴル仏教紀行』（菅沼晃　春秋社）

オイラト・ジューンガル
『最後の遊牧帝国　ジューンガル部の興亡』（宮脇淳子　講談社）

チベット仏教（密教）の全体像
『増補　チベット密教』（ツルティム・ケサン／正木晃　筑摩書房）
『チベット密教』（立川武蔵／頼富本宏　春秋社）。
『図説　チベット密教』（田中公明　春秋社）
『チベット密教の本』（学習研究社）
『密教の思想』（立川武蔵　吉川弘文館）
『松長有慶著作集』（全五巻　法藏館）
『羽田野伯猷　チベット・インド学集成』（全四巻　法藏館）
『インド学　密教学論考』（宮坂宥勝　法藏館）

『増補　性と呪殺の密教』（正木晃　筑摩書房）
『チベット仏教図像研究――ペンコルチューデ仏塔――』（立川武蔵／正木晃　国立民族学博物館研究報告別冊）
『チベット密教仏図典』（森雅秀／宮坂宥明　春秋社）

日本人が体験したチベット

『チベット旅行記』（全五巻　河口慧海　講談社）
『秘密の国　西蔵遊記』（青木文教　中公文庫）
『チベット滞在記』（多田等観　白水社）
『秘境西域八年の潜行』全三巻（西川一三　中央公論新社）
『チベット　偽装の十年』（木村肥佐生　中央公論新社）
『西蔵漂泊』上・下（江本嘉伸　山と渓谷社）

ツォンカパ

『聖ツォンカパ伝』（石濱裕美子／福田洋一　大東出版社）
『大乗仏典　ツォンカパ』（訳：御牧克己／森山清徹／苫米地等流　中央公論新社）
『チベットの死の修行』（訳：ツルティム・ケサン／正木晃　角川書店）

＊『吉祥秘密集会成就法清浄瑜伽次第』の現代語訳＋解説）
『インド・チベット　真言密教の研究』（高田仁覺　密教学術振興会　非売品
＊『大真言道次第論（ガクリム・チェンモ）』のうち、全体の五分の一に相当する所作・行・瑜伽（ヨーガ）タントラに関する部分の訳）
『仏教瑜伽行思想の研究』（訳：ツルティム・ケサン／小谷信千代　文栄堂
＊『菩提道次第広論（ラムリム・チェンモ）』の「止の章」）
『ツォンカパ中観哲学の研究Ⅰ』（訳：ツルティム・ケサン／高田順仁　文栄堂
＊『菩提道次第広論（ラムリム・チェンモ）』の「観の章」）
『アーラヤ識とマナ識の研究』（訳：ツルティム・ケサン／小谷信千代　文栄堂
＊『クンシ・カンテル』ならびに自伝詩『トジェ・ドゥレマ』の訳）
『ツォンカパ中観哲学の研究Ⅱ』（訳：ツルティム・ケサン／片野道雄　文栄堂
＊『レクシェーニンポ』の訳）
『チベットの密教ヨーガ』（訳：ツルティム・ケサン／山田哲也　文栄堂
＊『深い道であるナーローの六法の点から導く次第、三信具足』の訳）
『秘密集会安立次第論註釈』（訳：ツルティム・ケサン／北村太道　永田文昌堂）
『吉祥秘密集会成就法清浄瑜伽次第』（訳：ツルティム・ケサン／北村太道　永田文昌堂）

『チベット仏教哲学』（松本史朗　大蔵出版）

ゲルク派
『西蔵仏教宗義研究　トゥカン『一切宗義』ゲルク派の章』（立川武蔵／福田洋一／石濱裕美子　東洋文庫）
『ダライ・ラマの密教入門』（ダライラマ十四世　訳：石濱裕美子　光文社）
『ゲルク派版　チベット死者の書』（ヤンチェン・ガロ／ロサン・ガンワン　訳：平岡宏一　学習研究社）
『大秘密四タントラ概論』（ガワン・パルデン　訳：ツルティム・ケサン／北村太道　永田文昌堂
＊『吉祥秘密集会成就法清浄瑜伽次第』の究竟次第をガワン・パルデンが解説）
『チベットの僧院生活』（ゲシェー・ラプテン／アラン・ウォレス　訳：小野田俊蔵　平川出版社）

サキャ派
『西蔵仏教宗義研究　トゥカン『一切宗義』サキャ派の章』（立川武蔵　東洋文庫）
『チベット密教の神秘　快楽の空・智慧の海』（正木晃／立川武蔵　学習研究社）

『サキャ格言集』（サキャ・パンディタ　訳：今枝由郎　岩波書店）
『智恵の言葉』（サキャ・パンディタ　訳：ツルティム・ケサン／正木晃　角川書店）

カギュ派
『西蔵仏教宗義研究　トゥカン『一切宗義』カギュ派の章』（立川武蔵　東洋文庫）
『解脱の宝飾』（訳：ツルティム・ケサン／藤仲孝司　星雲社
＊ガムポパ『ラムリム・タルゲン』の訳）
『チベットに生まれて』（チョギャム・トゥルンパ　訳：武内紹人　人文書院）
『タントラ　叡智の曙光』（チョギャム・トゥルンパ／H．V．ギュンター　訳：宮坂宥洪　人文書院）
『タントラへの道』（チョギャム・トゥルンパ　訳：風砂子・デ・アンジェリス　めるくまーる）

ニンマ派
『西蔵仏教宗義研究　トゥカン『一切宗義』ニンマ派の章』（平松敏雄　東洋文庫）
『原典訳　チベットの死者の書』（カルマリンパ　訳：川崎信定　筑摩書房）
『チベットのモーツァルト』中沢新一　せりか書房）

『改稿　虹の階梯　チベット密教の瞑想修行』（中沢新一／ケツン・サンポ　中公文庫）
『ゾクチェンの教え』（ナムカイ・ノルブ　訳：永沢哲　地湧社）
『虹と水晶』（ナムカイ・ノルブ　訳：永沢哲　法藏館）
『知恵の遥かな頂』（ケツン・サンポ　編訳：中沢新一　角川書店）

チョナン派

『西蔵仏教宗義研究　トゥカン『一切宗義』チョナン派の章』（谷口富士夫　東洋文庫）

ポン教

『西蔵仏教宗義研究　トゥカン『一切宗義』ボン教の章』（御牧克己　東洋文庫）
『チベット　ポン教の神がみ』（長野泰彦　千里文化財団）
『ボン教学統の研究』（光嶌督　風響社）

女性とチベット密教

『西蔵仏教宗義研究　トゥカン『一切宗義』シチュ派の章』（西岡祖秀　東洋文庫）

『智慧の女たち』（ツルティム・アリオーネ　訳：三浦順子　春秋社）

ブータン
『ブータン中世史』（今枝由郎　大東出版社）
『ブータン仏教から見た日本仏教』（今枝由郎　ＮＨＫ出版）
『ブータンに魅せられて』（今枝由郎　岩波書店）

の実権を握る。

麗江王（16世紀）
東チベットの王。もともとはカルマ派の大施主だったが、ダライ・ラマ3世の布教活動のなかでゲルク派支持に転じ、カルマ派とカギュ派との関係に遺恨をのこした。

レンダワ（1349-1412）
プトゥンの弟子で、ツォンカパに師から学んだ法を授ける。

ワンチョク・ドルジェ（1555/6-1603）
カルマ黒帽派の第9世転生ラマ。

は傍系ながら、ミラレパの弟子ガムポパが教団の組織化と教義整備に成功したため、この法系がカギュ派の中核を占めるに至る。

モンケ・カアン（1208-59）
モンゴル帝国第4代皇帝。軍事政治ともに抜群の資質に恵まれ、宋討滅をめざしていたが、覇業の一歩手前で病死。

矢島保治郎（1882-1963）
日本人探検家。ダライ・ラマ13世の軍事顧問。

ヤングハズバンド大佐（1863-1942）
イギリス軍大佐。インドより遠征軍を率いてヒマラヤを越えチベットに侵攻した。

雍正帝（1678-1735）
清第5代皇帝。清の国家体制をかためた。

ラサン・ハーン（?-1717）
グシ・ハーンの曾孫。ラサに乗り込みクーデターを起こす。清の康熙帝によるチベット支配を実質的にもたらしたが、ツェワン・アラブタンによって謀殺された。

ランジュン・ドルジェ（1284-1339）
カルマ黒帽派。絶大な霊力を行使して、カルマ派興隆の基礎を築いた。史上初の転生活仏といわれる。

リンダン・ハーン（1592-1634）
モンゴル皇帝。チンギス・カンの血を引く「チンギス統原理」による最後の皇帝。ホンタイジに敗れ、その後、カルマ派の援軍としてゲルク派制圧のためチベットはラサに出兵するが、天然痘に倒れる。

リンチェン・サンポ（958-1055）
後伝仏教の初期の大訳経僧。インドの後期密教経典も訳出。

リンプン氏
中央チベット東部を根城とするパクモドゥ派が西部のツァンを統治するために代官として派遣。のちに当地

プトゥン（1290-1364）
ニンマ派に生まれ、カギュ派に学び、サキャ派の教えも網羅して、顕密の両立を望んだ。チベット大蔵経を編集し、多くの著書をのこした。

フレグ（1218-65）
クビライ・カアンの弟で、西アジアに大帝国を築き上げた。カギュ派やディグン派との関係が深い。

ポラネー（1689-1747）
ダライ・ラマ7世の治世下、清の傀儡として、チベットを実質統治。

マイトリーパ（11世紀）
キュンポの師であり、またマルパを悟りにみちびいた偉大な密教行者。秘法「マハームドラー」の開発者の1人として名高い。

摩訶衍（8世紀）
中国敦煌出身の禅僧。チベットに中国仏教を伝えたが、シャーンタラクシタの弟子のカマラシーラとの仏教論争に敗北した。

マルパ（1012-97）
タクポ・カギュの開祖。2度、もしくは3度にわたり、インド・ネパールへ留学し、ナーローパやマイトリーパから秘法を伝授された。強大な霊力を駆使して、密教の伝道に貢献した。

マンルン・マンツェン王（642-76）
唐の皇女とグンソン・グンツェン王のあいだの子。チベットから見て唐は外戚となった。

ミキュー・ドルジェ（1507-54）
カルマ黒帽派の第8世転生ラマ。

ミパン・チュードゥプ・ギャンツォ（1742-91/92）
カルマ派紅帽ラマ10世。ネパール王を焚きつけ、チベットにクーデターを起こす。

ミラレパ（1040-1123）
マルパの弟子にしてチベット最高の詩人。系列として

ニグマ（11世紀）
インドの女性密教行者。修行と理論の両面に通達し、秘法「ニグマの六法」を開発したとつたえられる。ナーローパのパートナーだったという説もある。

バートル・フンタイジ（17世紀）
グシ・ハーンとともにオイラト軍を率いてラサに遠征してきた族長の1人。のちに、ジューンガル帝国を建国。

パクパ・ロド（1235-80）
サキャ・パンディタの甥。サキャにともなわれてモンゴルに向かう。パクパ文字の発明者。のちに皇帝となったクビライとの関係を強化した。

パドマサンバヴァ（8世紀）
カシミール出身のインド人密教行者。シャーンタラクシタに同行してチベットに入り、敵対する神々と人々を密教行法を駆使して制圧。仏教導入に大きく寄与した。ニンマ派の祖としてあがめられ、今も民衆の人気は絶大。

パンチェン・ラマ1世（ロサン・チューキ・ギェルツェン）（1567-1662）
ゲルク派の高僧。ウィを支配していたツァン軍とゲルク派の和解に奔走した。

パンチェン・ラマ3世／6世（ロサン・ペンデン・イェシェー）（1738-80）
乾隆帝にまねかれ皇帝と同等の待遇という歓待を受ける。北京で客死。

パンチェン・ラマ6世／9世（ロサン・チューキ・ニマ）（1883-1937）
中国本土との関係などから、ダライ・ラマ13世と対立し、国外へ逃亡。チベットに戻れないまま客死した。政治性のない、保守的な宗教者だった。

武宗正徳帝（在位1505-21）
明第11代皇帝。性的ヨーガに惑溺した。

の普及に情熱を傾けた、別名「有髪の僧」。インドからの経典翻訳を完了させ、漢訳経典のチベット語への翻訳にも着手。

ティデ王（11世紀）
青唐王国初代の王。吐蕃王家の血統を引き、仏教をあつく庇護し、別名「唃厮囉（ギェルセー、菩薩）」とよばれた。

ティデ・ソンツェン王（777-815）
チベット（吐蕃）王。仏教を擁護し、経典翻訳に大きく貢献した。

ティデ・ツクツェン王（在位704-54）
チベット（吐蕃）王。唐の金城公主をもらい受け、唐との血縁を強化した。

寺本婉雅（1872-1940）
浄土真宗大谷派僧侶。ダライ・ラマ13世に清との和解を進言した。

トゥンユー・ドルジェ（?-1640）
東チベット、カムの王国ペリの王。ポン教信者。

トクズ・テムル（在位1378-88）
実質的にモンゴル帝国最後の大カアン。明軍に敗北し、逃亡中に殺害されたことで、クビライの血統は断絶した。

ドクミ翻訳家（993-1074）
翻訳に従事した学僧。コンチョクギェルポに新訳密教を授けた。

ドムトゥン（1005-64）
アティーシャの弟子。カダム派成立の功労者。

ナーローパ（1016-1100）
インドの大密教行者。在家行者→最高学府の筆頭学僧→在家行者、という経歴の持ち主。漁師出身のティローパに師事して悟りを開いたとつたえられる。マルパに「ナーローの六法」などの秘法を伝授。

攬者。元の威光をなくしたサキャ派に代わってチベットを統治した。

チューイン・ドルジェ（1604-74）
カルマ・カギュ黒帽派第10世転生ラマ。すぐれた密教行者だったが政治的手腕はなかった。

チュータク・イェシェー（1453-1524）
カルマ紅帽派第4代ラマ。リンプン氏の力を借り、同じカギュ派のパクモドゥ派の実権も握る。

チュータク・ギャンツォ（1454-1505）
カルマ黒帽派の第7世転生ラマ。武宗正徳帝が心酔した。

チョクト・ハーン（?-1637）
ハルハのモンゴルの皇帝。リンダン・ハーン亡きあと権力を奪取。息子アルサランをチベットに出兵させる。

チンギス・カン（1162-1227）
モンゴル帝国初代皇帝。あまたあったモンゴルの遊牧民集団を統一し、中央アジア、中国北部、イランなどを次々征服してモンゴル帝国を築いた。

ツェワン・アラブタン（17-18世紀）
ガルダン・ハーンの甥。ガルダンの兄センゲを父にもち、ジューンガルの正統を自負する。ガルダンに暗殺されかけたが逃亡に成功。ガルダン討滅に参加する。

ツォンカパ（1357-1419）
ゲルク派宗祖。チベット仏教史上最大の天才。後世への影響力は絶大。

ティソン・デツェン王（742-97）
チベット（吐蕃）王。幼少の王だが、唐の混乱に乗じてチベットの領土を拡大。さらに長安に侵攻し蹂躙、略奪。いっぽうでインドから仏教を導入。

ティツク・デツェン王（806-41）
チベット（吐蕃）王。仏教

ダライ・ラマ8世（ジャンペル・ギャンツォ）（1758-1804）
乾隆帝の支持を受け、ネパールの侵攻を防いだ。

ダライ・ラマ9世（ルントク・ギャンツォ）（1805-15）
感冒にかかり、肺炎により死亡。暗殺か？

ダライ・ラマ10世（ツルティム・ギャンツォ）（1816-37）
生まれつきの虚弱体質で突然死。暗殺か？

ダライ・ラマ11世（ケートゥプ・ギャンツォ）（1838-55）
新政を始めた直後に死亡。暗殺か？

ダライ・ラマ12世（ティンレー・ギャンツォ）（1856-75）
新政を始めて3年目で突然死。暗殺といわれている。

ダライ・ラマ13世（トゥプテン・ギャンツォ）（1876-1933）
多くの外国人と接見し、チベットの国際化、独立を求めたが、時代に翻弄されたともいえる。

ダライ・ラマ14世（テンジン・ギャンツォ）（1935-）
国外亡命後、世界各地をめぐり、さまざまな活動を展開中。1989年ノーベル平和賞受賞。

ダルマ・ウィドゥムテン王（809-42）
チベット（吐蕃）王。在位1年で宰相に暗殺される。没後、後継争いで国家が分裂し吐蕃王国は消滅する。後世に仏教弾圧者の汚名を着せられる。

チャクナ・ドルジ（13世紀）
サキャ・パンディタの甥。サキャにともなわれてモンゴルに向かう。

チャンチュプ・ギェルツェン（1302-64）
カギュ派パクモドゥ派の総

ダライ・ラマ1世（パンチェン・ゲンドゥン・トゥプ）（1391-1474/5）
ツォンカパの弟子。遷化後、1世紀以上を経てダライ・ラマ1世の称号を追贈された。

ダライ・ラマ2世（ゲンドゥン・ギャンツォ）（1475/6-1542）
ゲルク派の最高指導者（ガンデン・ティパ）。のちにダライ・ラマ2世の称号を追贈された。

ダライ・ラマ3世（ソナム・ギャンツォ）（1543-88）
ゲルク派と対立するカルマ派の地域から生まれた、ゲルク派初の転生活仏。チベット仏教各派との融和をはかった。モンゴル王アルタン・ハーンから「ターレーラマ」の称号を贈られる。これが訛って現在の「ダライ・ラマ」という呼称になっている。

ダライ・ラマ4世（ユンテン・ギャンツォ）（1589-1616）
モンゴル皇帝アルタン・ハーンの孫とも甥の子どもとも。ゲルク派がモンゴルとの関係強化のために転生霊童にえらんだといわれる。結果、本人の意思とは関係なく、外の地域からの政治的軍事的介入を許しやすい状況を作った。

ダライ・ラマ5世（ガワン・ロサン・ギャンツォ）（1617-82）
史上最大のダライ・ラマ。功罪ともに絶大。

ダライ・ラマ6世（ツァンヤン・ギャンツォ）（1683-1706）
放蕩詩人のダライ・ラマ。民衆の熱烈な支持を集めた。ラサン・ハーンによって廃位。

ダライ・ラマ6世／7世（ロサン・ケルサン・ギャンツォ）（1708-1757）
廃位となった前6世の代わりに認定された6世。

成功したが、敵対者に暗殺された。

ジャム・ヤン・リンポチェ(1896-1947)
チベット・ネパール戦争で一時廃絶ていたが、紅帽派転生活仏を復活。

朱元璋(在位 1368-98)
明の初代皇帝(洪武帝)。貧僧から立身し、元末の大混乱を制して明を建国。すこぶる有能かつ冷酷残忍と評される。

順治帝(1638-61)
清3代皇帝(成祖)。国事と個人の両面からチベット仏教に強い関心を寄せ、ダライ・ラマ5世と会見。玉虫色の協定を結んで、後世に禍根を残した。

シンシャク氏
もともとはリンプン氏の臣下。リンプン氏の衰退とともに、中央チベット西部ツァンを支配した氏族。

センゲ(?-1670)
パートル・フンタイジの嫡子。テンジン・ボショクト・ハーンの同母兄であるが、異母兄に謀殺される。

ソンツェン・ガンポ王(581-649)
チベットを初めて統一した偉大な吐蕃王。卓越した軍事の能力と政治的手腕を発揮して、世界帝国唐に立ち向かい、ほぼ対等の関係を築き上げることに成功した。

ターラナータ(1575-?)
チョナン派きっての高僧として有名。仏教史の権威としても名高い。

太宗(ホンタイジ)(1592-1643)
明を倒した清第2代皇帝。初代はヌルハチ。

太宗皇帝(626-49)
唐の第2代皇帝。実質的な建国者であり、文武両道に通じ、中国史上最高の皇帝の1人ともいわれる。

多田等観(1890-1967)
仏教学者。当時ラサに最も長く滞在した日本人。

康熙帝（1654-1722）
清4代皇帝（聖祖）。クビライなどと並び、中国史上、最高の皇帝の1人。ダライ・ラマ5世の密命を受けて北ユーラシアを転戦するガルダンを熾烈な戦いの末に討滅。

コデン（13世紀）
オゴデイ・カアンの息子。チベットに侵攻。サキャ派のサキャ・パンディタとの間に書簡がある。サキャに出会い、仏教に改宗している。

コンチョクギェルポ（1034-1102）
サキャ派開祖。最初、前伝期密教を奉じていたが、のちに後伝期密教を修行した。

サキャ・パンディタ（1182-1251）
サキャ派の宗教改革者であり、13世紀チベットのキーマン。現在起きている中国とチベットの関係の遠因を築いたともいえる。

サルチュン・ツェデン・ワンチュク（1857-1914）
英清西蔵条約の折、チベット政府の担当大臣だったが、結果的に清の宗王権をみとめるという大失態を犯した。

サンギェー・ギャンツォ（1653-1705）
ダライ・ラマ5世の摂政となり、清の康熙帝とわたりあう。オイラトのガルダン・ハーンに5世の死を隠して、清に対する防波堤の役割をつづけさせた。

ジェプツンダンパ1世（1635-1723）
モンゴル最高位の活仏。名僧として名高いチョナン派のターラナータの転生活仏という。ガルダン・ハーンとはダライ・ラマ5世のもとで兄弟弟子であった。

シャーンタラクシタ（725?-83）
当時、インドで最高の学僧。ティソン・デツェン王のまねきで、インド・ナーランダー大僧院からチベットに2度にわたり入り、布教に

河口慧海（1866-1945）
日本人僧侶。日本人で初めてチベットに入り、ダライ・ラマ13世に謁見している。大蔵経を持ち帰る。

カンチェンネー（?-1727）
チベットの政治家。ジューンガル討伐に成功するなど有能だったが、謀殺された。

キュンポ（990-1139）
シャンパ・カギュの開祖。インドへ留学し、マイトリーパなどから密教を伝授された。師をほぼ同じくするマルパとは交流がなく、その法系は後世、タクポ・カギュに圧倒され衰退した。

グゲ王チャンチュプウー（10-11世紀）
西チベットにあったグゲ王国の王。アティーシャをインドより招聘。

グシ・ハーン（在位1642-54）
モンゴル・オイラトの皇帝。ダライ・ラマ5世に帰依。青海アムド地方の覇王となる。カルマ・テンキョン・ワンポを討ち、チベットにゲルク派による統一をもたらした。

クビライ・カアン（1215-94）
モンゴル帝国（元）第5代皇帝。中国・元の初代皇帝。サキャ派との関係が深く、パクパに帰依。

グユク・カアン（1206-48）
モンゴル帝国第3代皇帝。

クンガーニンポ（1092-1158）
コンチョクギェルポの子。「道果説（ラムデー）」を大成した天才。

グンソン・グンツェン王（621-43）
チベット（吐蕃）王。父のソンツェン・ガンポ王のあとを継いだが、夭逝。妻となるはずの文成公主は父に再嫁したとつたえられる。

乾隆帝（1711-1799）
清第6代皇帝。ダライ・ラマ7世に政治的権力を回復させたいっぽう、転生活仏の選定方法を変えるなど、深く介入した。自身はチベット仏教に傾倒していた。

エジェイ（1621-41）
リンダン・ハーンの遺児。後金（清）に降伏。

オゴデイ・カアン（在位1229-41）
モンゴル帝国第2代皇帝。チンギス・カンの実子で、穏やかな性格だが、能力的には凡庸といわれる。

カマラシーラ（740?-97）
インド人仏教僧。シャーンタラクシタの弟子。摩訶衍と仏教論争を繰り広げ、勝利したが、のちに暗殺された。

ガムポパ（1079-1153）
タクポ地方の医師（ラジェ）出身のため、タクポ・ラジェともよばれる。ミラレパに師事し、カダム派の理論を導入した。カギュ派の教団形成に大きく寄与。稀代の組織家といわれる。

ガルダン・ボショクト・ハーン（1644-97）
オイラトはジューンガルの出身。バートル・フンタイジの子にしてグシ・ハーンの孫にあたる。ダライ・ラマ5世に帰依。5世の死を知らされぬまま、北ユーラシアを転戦しつづけ、最後は康熙帝に追われ戦地に倒れる。

カルマ・テンキョン・ワンポ（カルマ護教王）（?-1641）
カルマ・プンツォク・ナムギェルの子。父の急死を受けて、ゲルク派の援軍としてラサに出兵していたモンゴル軍と対峙。1度はゲルク派高僧の仲立ちでことなきを得るが、のちに敗死。

カルマ・ドゥスンケンパ（1110-93）
ガムポパの高弟にして、カルマ派の派祖。

カルマ・プンツォク・ナムギェル（?-1621）
シンシャク氏出身のツァンの王。カルマ派の要請を受けて、ゲルク派とパクモドゥ派連合が支配していた中央チベット東部ウィに出兵。1620年までラサおよびウィを占領した。

主要人物解説（五十音順）

青木文教（1886-1956）
多田等観とともにラサに滞在。

アティーシャ（982-1054）
インド人仏教僧。後伝期チベット仏教の基礎を築いた。在家の密教行者だったが出家し、インド仏教界最高峰のヴィクラマシーラ寺の座主となる。グゲ王チャンチュプウーのまねきでチベットに入る。のちに『菩提道灯論（ラムリム）』をあらわす。

アルサラン（?-1635）
チョクト・ハーンの子息。１万の兵を率いてチベット侵攻。カルマ派支持の立場からゲルク派支持に変節。罪を問われて謀殺された。

アルタン・ハーン（1507-82）
モンゴル皇帝。ゲルク派の布教を要請した。ダライ・ラマ３世より、「チューキギェルポ・レーチェンポ（法王大梵天）」の称号をあたえられる。

ヴィルーパ（７～８世紀）
インドの大密教行者。『ヘーヴァジュラ・タントラ』にもとづき、「道果説（ラムデー）」の原型を開発し、サキャ派の遠祖とあがめられる。

英宗正統帝（在位1435-49）
明第６代皇帝。明王朝のなかで最初に性的ヨーガに関心を示した皇帝。

永楽帝（在位1402-24）
朱元璋の実子。甥の第２代皇帝を討滅して、明の第３代皇帝の位につく。自身は病弱ながら軍人皇帝として知られ、対モンゴル（北元）戦争に生涯をついやし、北辺に没した。チベットに対しては、友好的な態度に終始。

本書は『裸形のチベット　チベットの宗教・政治・外交の歴史』（サンガ新書、二〇〇八年）を、大幅に修正のうえ改題し、文庫化したものです。

チベット史《し》

仏教《ぶっきょう》の国《くに》の政治《せいじ》と外交《がいこう》

正木《まさき》 晃《あきら》

令和7年 4月25日 初版発行

発行者●山下直久

発行●株式会社KADOKAWA
〒102-8177 東京都千代田区富士見2-13-3
電話 0570-002-301（ナビダイヤル）

角川文庫 24635

印刷所●株式会社暁印刷
製本所●本間製本株式会社

表紙画●和田三造

ISBN 978-4-04-400859-8 C0122

◇◇◇

角川文庫発刊に際して

角川源義

第二次世界大戦の敗北は、軍事力の敗北であった以上に、私たちの若い文化力の敗退であった。私たちの文化が戦争に対して如何に無力であり、単なるあだ花に過ぎなかったかを、私たちは身を以て体験し痛感した。西洋近代文化の摂取にとって、明治以後八十年の歳月は決して短かすぎたとは言えない。にもかかわらず、近代文化の伝統を確立し、自由な批判と柔軟な良識に富む文化層として自らを形成することに私たちは失敗して来た。そしてこれは、各層への文化の普及滲透を任務とする出版人の責任でもあった。

一九四五年以来、私たちは再び振出しに戻り、第一歩から踏み出すことを余儀なくされた。これは大きな不幸ではあるが、反面、これまでの混沌・未熟・歪曲の中にあった我が国の文化に秩序と確たる基礎を齎らすためには絶好の機会でもある。角川書店は、このような祖国の文化的危機にあたり、微力をも顧みず再建の礎石たるべき抱負と決意とをもって出発したが、ここに創立以来の念願を果すべく角川文庫を発刊する。これまで刊行されたあらゆる全集叢書文庫類の長所と短所とを検討し、古今東西の不朽の典籍を、良心的編集のもとに、廉価に、そして書架にふさわしい美本として、多くのひとびとに提供しようとする。しかし私たちは徒らに百科全書的な知識のジレッタントを作ることを目的とせず、あくまで祖国の文化に秩序と再建への道を示し、この文庫を角川書店の栄ある事業として、今後永久に継続発展せしめ、学芸と教養との殿堂として大成せんことを期したい。多くの読書子の愛情ある忠言と支持とによって、この希望と抱負とを完遂せしめられんことを願う。

一九四九年五月三日